アジア共同体構築への視座

政治・経済協力から考える

金　泰旭・浦上拓也・西田竜也
Kim Taewook　Urakami Takuya　Nishida Tatsuya

［編著］

中央経済社

刊行に寄せて

　このたび，ワンアジア（ONE ASIA）財団助成金による書籍「アジア共同体構築への視座—政治・経済協力から考える—」が刊行に至ったことは，たいへん喜ばしいことと思います。日本は2008年に総人口のピークを迎え，今後急激に人口が減少していくことが予想されています。出生率の低下，超高齢社会の到来は，先の見通せない将来不安をもたらし，日本の政治・経済に対して暗い影をおとす結果となっています。日本の安定的持続的な発展のためには，今後ますますアジア各国とのつながりが重要となってくることは間違いありません。そのような中で，本書はアジアの共同体構築をテーマに経済および政治の視点から様々な問題を分析・解説しており，アジア地域の経済問題・政治問題に高い関心を持つ読者にとってまさに座右の書となることが期待されます。著者の皆様におかれましては，本書の完成に至るまで，大変なご苦労をなされたことと思います。この場を借りて厚く御礼申し上げます。

　さて，2017年秋セメスターより特殊講義Q（アジアの政治・経済・経営・文化から見る共同体形成）がスタートし，これまで国内外の多数の研究者に講義を行っていただきました。おかげをもちまして，講義は大成功をおさめ参加した学生からは講義内容が大変興味深く，今後学習を進めていくうえで非常に刺激になったと高い評価をいただくことができました。近畿大学は2016年に国際学部を設置し，大学の英語名称もKindai Universityとなり，まさに世界に開かれた大学として国際化を推進しているところであります。経営学部といたしましても，国際的なビジネスの舞台で活躍できる人材をより多く育成していかなければなりません。今回のワンアジア財団助成金による講義及び書籍の出版が，本学の教育・研究活動の取り組みの一助となり，将来のアジア共同体構築の実現に寄与することを心より願っております。

平成30年6月14日

　　　　　　　　　　　　　　　　　　近畿大学経営学部長　山口忠昭

はじめに

　本書は，激変するアジアの政治経済環境下で，近畿大学の金泰旭および浦上拓也先生と広島市立大学国際学部の西田竜也先生との間で日常的に行われていた活発なディスカッションが契機となり，実現に至った。3人はアジアの経済，経営に精通している国際色豊かな近畿大学経営学部の人的資源を最大限活用しつつ，日米安保問題や国際政治の専門家である西田先生を筆頭にアジアの政治問題に精通するトップレベルの研究者を巻き込む大型プロジェクトの必要性を強く感じていた。

　このような多岐にわたる国際色豊かな研究テーマや講義テーマを実現するためには潤沢な資金源と研究者自身の豊富な人的ネットワークが必要不可欠となる。そこで，前任校においてワンアジア（ONE ASIA）財団からの支援の下，特別講義や出版の経験を有する金泰旭は同学の金相俊先生および浦上先生と講師陣を決め，当該分野における全世界の優秀な専門家を近畿大学東大阪キャンパスに招聘することとなった。

　一方，研究においては講義をご担当頂いた近畿大学の先生の一部とアジア共同体構築という研究テーマに相応しい研究者を，アジア地域を中心に広く呼びかけ，最強の執筆陣にて執筆作業を行うことができた。政治分野においては西田先生を編著者としてお招きし，先生を中心に政治分野の執筆陣を決定し，執筆を行った。また，経済，経営分野においては金泰旭と浦上先生が中心となり，その執筆陣や内容を決定した。

　その結果，2017年と2018年の後期における近畿大学経営学部の特殊講義科目として本講義は行われ，中でも2017年の授業は既に成功裏に終わり，受講者の中で成績優秀者（懸賞論文入選者）に対してはワンアジア財団より奨学金が付与された。

　本書の執筆においては，事前に3人の編著者の協議の下，各執筆者にテーマを依頼し，その後，各執筆者ごとに進められた。内容は下記のとおりである。まず，第1章ではFDIの動機を整理した後，近年注目を浴びるASEAN地域で

はFDI受け入れ国として資本の流入額が急増していることを明らかにしている。今後，海外進出競争の激化が見込まれる中，FDIの利用価値を最大化するには共栄の精神が鍵となることを示唆している。次に第2章では，アジアが深刻なインフラ資金ギャップに陥っている現状に触れ，アジアの巨額貯蓄がインフラ投資に向かわない理由とインフラ資金ギャップを埋める方策を提示している。最後にアジアにおけるインフラ資金ギャップを埋める対策強化の必要性を説いている。第3章においては日本企業のアジアのBOP市場への進出はMOP市場での競争優位性を高めるために必至であるとした上で，事例分析を通じてBOPビジネスを展開することの困難さを示している。そして，進出には長期的なビジョンを描いた上でその国や，社会，市場に適した戦略展開が重要であることを提起している。第4章では，アジアの経済状況と交通インフラの現状を把握し，交通インフラを整備する方法について説明している。そして，アジアでの交通インフラの整備における日本の取り組みを説明し，効果的な整備に向けた課題を提起している。第5章では，アジアにおける鉄鋼メーカーを通じた技術協力，ノウハウと知識のリレーの様子が記述されている。その結果としてこのような技術移転はアジア地域全体の経済活性化に繋がることを示唆している。第6章では，前半において第1節と第2節の内容を整理している。後半では日本とアジア地域における水問題を概観した後に，アジアの水道インフラ整備における日本の果たすべき役割について記述されている。

　続く第7章では，北東アジアにおける多国間協力の成否の要因を権力政治，価値，民族主義とし，これらの要因が北東アジアにおける多国間主義を困難にしていると説明している。日米韓，中朝露，日中韓の三つの単位に分かれた協力国との間の緊張感は長期的に持続するとの今後の展望を示している。第8章においては，アジア域内の各国の連結性が高まり，アジアの台頭がみられるとし，世界経済においてアジアは中心となりつつあるが，経済面以外では格差が大きく，アジア地域の経済統合は困難であると分析している。第9章では東アジア共同体が克服すべき課題を歴史的視点から考察し，三つの課題を挙げている。特に未来に向けた新しい歴史を創る努力を行うことを課題の解決策として

示している。第10章では，アジアと欧米の国際ボランティア事業を比較し，「政府主導」，「人材育成や国際交流などの目的も重視していること」がアジアの特徴であることを明らかにしている。さらに，共同国際ボランティアというプロブレム提案を用いて，個人レベルの貢献が東アジア共同体構想に寄与することを示唆している。第11章ではアジア共同体の実現に向け，印中関係についての考察を行っている。最大の問題は国境問題であり，中国を含むインド太平洋の協力体制を構築できればアジア共同体への道が開かれるとの展望を示している。第12章ではこれまでの議論をレビューすることで共同体の成立条件についての示唆を得ている。その上で，これらの諸条件に関して，政治的側面に関わる5名の専門家が行った研究の意義を明らかにし，将来の共同体の可能性を考察している。

　以上，大変多岐にわたり，示唆に富む研究テーマを当該分野における最高レベルの専門家がまとめており，昨今の緊迫したアジアの政治，経済情勢を理解するにも非常に役に立つ内容になっていると思われる。

　本書の刊行にあたり，様々な方にお世話になった。まず，厳しい出版業界の諸事情があるにも関わらず，快く本書の出版をご決断くださった中央経済社の浜田匡氏に感謝申し上げたい。また，今回の寄付講座開催にあたって，ワンアジア財団の佐藤洋治理事長，鄭俊坤首席研究員には感謝しきれないほど数多くのご支援を頂いている。この場をお借りして感謝申し上げたい。また，本寄付講座や研究に理解を示し，多大なご協力を頂いた近畿大学の山口学部長をはじめ，事務方の皆様にも感謝申し上げたい。そして，近畿大学商学研究科博士後期課程の韓尚眞君には本講座の準備段階から原稿の修正作業等様々な場面において大変お世話になった。ここに記して感謝の意を表したい。また，私事ではあるが，忙しい研究生活をいつも応援してくれている家族にも心から感謝申し上げたい。

編著者を代表して　金　泰旭

目　次
アジア共同体構築への視座

刊行によせて…i

はじめに…iii

第Ⅰ部　経済・経営編
アジアにおける経済・経営協力の現状と課題

第1章　ASEAN地域における海外直接投資：競争と協栄 …… 2

1　海外直接投資の経済的意義…2
2　FDIの理論と現状…5
3　ASEAN地域内におけるFDI…9
4　FDIによる競争と共栄…13

第2章　アジアのインフラ資金ギャップを埋める方策 …… 16

1　深刻なインフラ資金ギャップに陥っているアジア…16
2　アジアのインフラ資金ギャップの規模…17
3　アジアの巨額貯蓄がインフラ投資に向かわない理由…20
4　インフラ資金ギャップを埋める方策…25

第3章　日本企業のアジアBOPビジネス市場への進出戦略 …… 34

目次

- 1 急成長するBOP市場と低い成功確率…34
- 2 BOPビジネスの先行研究のレビューと分析フレームワークの提示…35
- 3 メタウォーター株式会社の事例…41
- 4 BOPビジネスの参入における課題解決アプローチについて…47

第4章 アジアにおける交通インフラ整備 50

- 1 交通インフラの役割…50
- 2 アジアの経済状況と交通インフラ…50
- 3 交通インフラの整備…57
- 4 インフラ・ビジネスにおける協力…60

第5章 アジアにおける鉄鋼メーカーの競争と協調： 技術移転を中心に 64

- 1 鉄は国家なり…64
- 2 製鉄プロセス…66
- 3 日本から韓国への鉄鋼技術協力…68
- 4 韓国からインドネシアへの鉄鋼技術移転…72
- 5 韓国鉄鋼メーカーの日本市場への進出…74
- 6 製鉄技術で結ばれたアジアの深い絆…76

第6章 アジア投資とインフラ整備 77

- 1 アジア投資…77
- 2 インフラ整備…79
- 3 日本における「水問題」…81
- 4 アジア地域における「水問題」…83
- 5 アジアの水道インフラ整備における日本の果たすべき役割…86

6　アジア — 投資 — インフラ — 水道…88

第Ⅱ部　政治編
アジア諸国の政治的課題と展望

第7章　北東アジアの平和秩序を制約する要因と域内秩序の展望について……… 92

1　北東アジアの多国間協力が難しい理由…92
2　歴史と仮説…93
3　北東アジアの多国間協力と過剰なナショナリズム…100
4　北東アジアの権力政治と域内秩序の展望…108

第8章　アジア経済統合とアジアの地域主義……… 111

1　いわゆるアジアとは：定義と概念…111
2　アジア地域の発展：その歴史と課題…112
3　アジア地域主義の形成と変遷…116
4　アジア経済統合の展開：CPTPP，RCEP，一帯一路…118
5　米中覇権争いとアジアの台頭：
　　「ツキディデスの罠」と「キンドルバーガーの罠」…120
6　アジアの台頭：世界の枠組み再編…123

第9章　東アジア共同体が克服すべき課題：
歴史的視点を中心にして……… 125

1　課題山積の東アジア共同体への道…125

2　歴史的考察における主要課題…130
　3　共同体設立の歴史を織り成す政治的リーダーシップ…135
　4　未来に向けた新しい歴史を創る努力…137

第10章　東アジアの国際ボランティア事業：
　　　　　欧米との比較と共同体への示唆 …………………… 140

　1　二人の国際ボランティア…140
　2　アジアと欧米の国際ボランティア事業を比較する…142
　3　欧米の国際ボランティア事業…143
　4　アジアの国際ボランティア事業…145
　5　東アジア共同体構想への示唆…152

第11章　インドからの視点：
　　　　　印中関係とインド太平洋 ………………………………… 156

　1　アジアにおけるインド…156
　2　インド太平洋の形成と発展…161
　3　インドとインド太平洋…164
　4　アジア共同体の土台としてのインド太平洋…167

第12章　アジア共同体の現在と未来 ……………………………… 170

　1　なぜ，今アジア共同体なのか…170
　2　冷戦終結後の東アジア共同体の動きとその限界…172
　3　今，アジアの共同体を考える意義…174
　4　将来の共同体構築に向けて…179

索　引…185

第Ⅰ部
経済・経営編

アジアにおける経済・経営協力の現状と課題

第1章

ASEAN地域における海外直接投資：競争と協栄

1．海外直接投資の経済的意義

1.1 海外直接投資の目的

　急速に進展するグローバル化経済において，FDI（Foreign Direct Investment：海外直接投資）は重要な経営戦略となっている。FDIは，企業による海外企業の株式の取得や現地での工場の建設，あるいは子会社の設立といった経営権の取得を目的とした投資の総称である。この投資によって，企業は当該投資国で事業を展開することが可能になる。投資の受け入れ国から見れば資本の流入を意味しており，投資側の国から見れば資本の流出を意味する。近年，FDIが増加した背景には，企業の国や産業を乗り越えた多角化の進展がある。また，マクロ的な視点では，より直接的で安定的な国家間の経済活動の繋がりを作り出す手段としてもFDIは重要な役割を果たしている。

　企業による事業活動の基本的な目的は，企業の価値（企業価値）を最大化することであり，それによって株主や債権者，従業員などのステイクホルダーに帰属する価値の向上を図る。それには事業の可能性の拡大と経営上生じるリスクを適切に管理することが求められる。企業価値を企業金融の分野で用いられている関係式で表すと，

$$企業価値 = \frac{①キャッシュ・フロー}{②資本コスト - ③成長率}$$

となる。①のキャッシュ・フローは企業が一定期間で生み出し現金量のことであり，一定期間において，事業活動から得られた収入と事業活動で必要な支出の差である。②の資本コストは資金調達に必要なコストのことであり，事業内容のリスクの大きさを反映している。リスクとリターン（収益率）の関係から，企業の資金提供者が要求する収益率であるため，要求収益率とも呼ばれている。そして③は事業活動から生まれるキャッシュ・フローが将来にわたってどの程度成長していくのかを表す成長率である。この関係式の導出過程や詳しい説明については，企業金融の教科書に譲るとして（例えば，森生［2016］を参照），この関係式によれば，キャッシュ・フローが400万円，資本コストが8％，成長率が4％の企業であれば，その企業価値は1億円になる。

1.2　企業価値最大化のためのFDI

　企業価値を最大化するためには，①を増やし，②を低くし，そして③を高めることが必要になる。しかし，これらの価値最大化方針の実行は簡単ではない。成熟した経済における競争的な経営環境では，キャッシュ・フローを増大させ，将来の成長率を高めるためには，事業活動をよりリスクの高いものへとシフトさせる必要がある。なぜなら，競争的な経営環境において，ローリスク・ハイリターンな新規事業を見出すことは困難であるからである。したがって，ハイリスク事業への投資は，結果として資本コストも高めることになる。

　このように，企業経営者は価値最大化のトレードオフに直面しており，容易に企業価値を最大化することはできない。海外進出は，最大化のための戦略の1つとして見出されたものであり，事業活動の範囲を国内から海外へと拡大する方法として，商品の輸入や輸出，そして海外子会社の設立など国を超えた事業の展開を模索していくことになる。

　上記の企業価値の関係式でこのような海外進出行動に解釈を与えると，より生産コストの低い国への進出は，関係式の①を増加させることに寄与すると考えられる。また，人口の増加や経済発展が著しい国，あるいはそれが見込める国への進出は関係式の③を高めると同時に，②を高めると考えられる。

日本のような成熟した経済と人口減少社会に突入し，国内需要の縮小が避けられない国に所在する企業にとって，海外進出は生き残りをかけた重要な経営戦略となっている。特に，近年成長が著しい東南アジア諸国，すなわちASEAN地域（インドネシア，カンボジア，シンガポール，タイ，フィリピン，ブルネイ，ベトナム，マレーシア，ミャンマー，そしてラオスの計10カ国）に対する日本企業のFDIが増加傾向にある。

1.3　企業の多国籍化とFDI

これまでの議論から明らかなように，本国以外の国においても事業を展開するような多国籍企業が特別な存在ではない。保有する経営資源を所与として，企業価値最大化を追求した結果，FDIを通じた多国籍化が生じたと解釈することができよう。

ここで多国籍企業の例をあげておきたい。多国籍企業の好例としてコカコーラ社（Coca-Cola）がある。コカコーラ社は160カ国以上で製品を販売し，40以上もの通貨をその事業において使用している。コカコーラ社の本国は米国であるが，営業利益の60％以上が米国外で生まれている（2017年の決算期時点）。もう1つの好例として日本企業のホンダ社を挙げておきたい。ホンダはモーターバイクを製造販売する大企業であるが，その製造組立工場は世界中に所在しており，ホンダ社によるレポートによれば，日本での製造組立割合は16％で，残りの84％は海外で行われている（2016年時点）。また，モーターバイクの売上高は，日本が約3.7％，海外が約96.3％と売上のほとんどは海外市場であることがわかる（2017年の決算期時点）。

これら事例以外にも無数の多国籍企業が存在していることはいうまでもない。企業の多国籍化の背景に，どのような企業価値最大化の原理が働いたのかを究明し，その理解が進めば，企業経営の本質が見えてくるはずである。

2．FDIの理論と現状

2.1　海外進出の方法とFDIの位置づけ

　事業をグローバル展開する方法には，いくつかの方法がある。国際的にビジネスを展開する方法あるいはその分類として，大きくわけて(1)国際貿易：輸入と輸出，(2)ライセンス契約，(3)企業のM&A（Merger and Acquisition：合併と買収），そして(4)現地子会社の設立がある（Madura [2008]）。これらの手法はこの順でリスクの小さい，すなわち投資を必要としない手法となっている。

　まず(1)の国際貿易は，製品を輸出したり，低コストの製品を輸入したりすることで企業の価値を高める方法である。この方法は投資を必要としないため，他の方法と比較するとリスクの小さい保守的な海外市場へのアクセス方法である。

　次に，(2)のライセンス契約とは，契約の締結によって海外に進出する方法である。ライセンス契約では，企業は所有する技術（著作権，特許，意匠権，商品名など）の使用権を現地企業に与え，財・サービスの生産を委託する。ライセンス契約の一例としては，そごう百貨店の事例がある。そごう百貨店はライセンス契約によって，中国やインドネシア，マレーシア，香港，カンボジア，イギリスなどの国で事業を展開している。

　(3)のM&Aは現地企業の株式を取得することによって，経営権を取得し，海外市場で事業活動を展開する方法である。M&Aは現地企業がすでに保持している工場などの設備（ハード面の資産）や，顧客基盤や経営上のノウハウ（ソフト面の資産）などを活かしつつ，経営をコントロールできるといった利点がある。その意味でM&Aは"時間を買う"とも言われている。近年では，経営環境の変化が急速に早まっており，また現金を多額に保有したキャッシュリッチな企業が増加していることも相まって，M&Aによる海外進出が拡大している。

　最後に，(4)の現地子会社設立はM&Aとは異なり，自ら現地法人を設立して

事業活動を行う方法である。現地法人を設立して事業を開始するには，土地や工場などの設備への投資，従業員の雇用，そして事業認可の取得など様々なコストがかかる。一方で，経営をコントロールできる度合いは強い。また，現地の経営環境に応じた経営資源の配分が可能になる点も利点の1つである。

FDIは上記の4つの方法のうち，(3)と(4)に該当する投資のことである。また，前者の(3)はブラウンフィールド投資，後者の(4)をグリーンフィールド投資と呼ぶこともある。いずれにせよ，輸出入やライセンス契約と比較して，リスクの高い積極的な海外進出の方法である。

2.2　FDIの理論：優位性の享受

前述のように，FDIを実施する根源的な動機は，経営者による企業価値最大化であり，キャッシュ・フローの増大が期待できる発展途中にある市場に進出することが前提である。より具体的に企業はどのようなメリットを目論み，FDIを選択するのであろうか。この点に関しては，次の3つをFDIから享受できる優位性として挙げることが多い（Dunning [1993]）。

(1)所有の優位性（Ownership Advantage）
(2)立地上の優位性（Location Advantage）
(3)内部化による優位性（Internalization Advantage）

これら3つの優位性はOLI理論と呼ばれており，FDIを行う動機をうまく捉えたものである。まず，(1)の所有の優位性は，自社が持つ技術やノウハウなどを海外に移転することで，現地の既存企業よりも優れた立場を享受できることを意味している。

次に，(2)の立地上の優位性は，自国で財・サービスを生産して輸出するよりも，現地で生産するほうが有利な生産活動を享受できることを意味している。

(3)の内部化の優位性は，現地の企業にライセンシング（ライセンス契約による生産委託）するよりも，現地に子会社を設立して生産をコントロールしたほうが有利で，高い利益を獲得できることを意味している。

OLI理論によるこれらの優位性は相互に排他的なものではなく，いずれかが

唯一FDIの意思決定において影響力を持つということではない。例えば，前述の多国籍企業の例で取り上げたホンダの場合，ホンダが持つモーターバイクに関する技術や生産過程におけるノウハウなどを現地に移転し（所有の優位性），低い労働コストでの生産と現地での顧客から情報をもとにカスタマイズされた高品質の製品を提供することで（立地の優位性），世界的にシェアを伸ばしている。また，このようなホンダの戦略は，現地企業に生産を委託するのではなく，自社による製品開発や品質管理などによって達成されるものである（内部化の優位性）。

2.3 FDIの現状と傾向

ここでFDIの現状と傾向を概観する。**図表1-1**は2016年における世界全体のFDIの動きを示している。対内投資（Inward）は地域あるいは当該国外からの資本の流入を意味しており，対外投資（Outward）は地域あるいは当該国からの資本の流出を意味している。図表1-1を見ると，資本は先進国から発展途上国（あるいは過渡経済国）に向かう傾向にあることが見て取れる。特に，アジア地域の資本流入量が際立って大きく，中国を中心とした東アジアと東南

図表1-1◆FDIの動き：世界全体での概観

単位：百万USドル	対内投資(1)	対外投資(2)	ネット投資(1)−(2)
先進国	1,032,373	1,043,884	−11,511
発展途上国	646,030	383,429	262,601
アフリカ	59,373	18,173	41,200
アメリカ	142,072	751	141,321
オセアニア	1,921	1,448	473
アジア	442,665	363,058	79,607
−東アジア	260,033	291,243	−31,209
−南アジア	53,735	5,553	48,183
−東南アジア	101,099	35,418	65,681
−西アジア	27,797	30,844	−3,047
過渡経済国	67,772	25,096	42,676

注：データはUNCTADのFDI統計から取得している。

図表1−2◆ASEAN地域におけるFDIの時系列変化

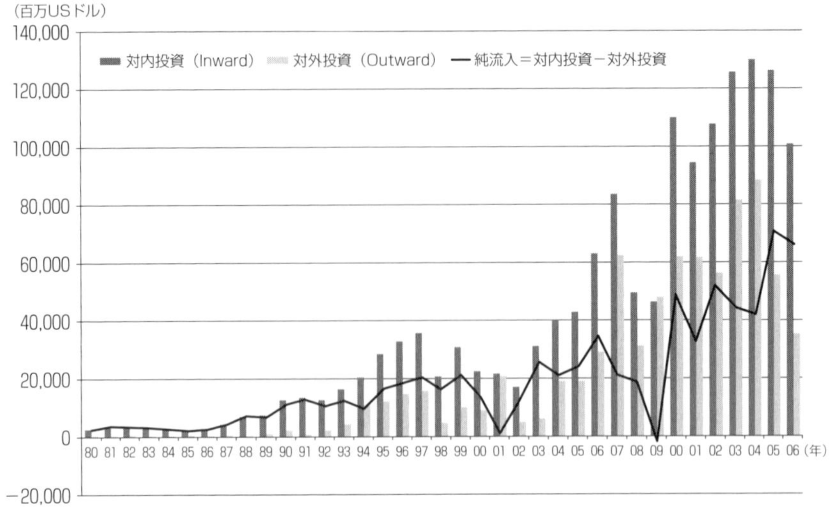

(百万USドル)　対内投資（Inward）　対外投資（Outward）　純流入＝対内投資−対外投資

注：データはUNCTADのFDI統計から取得している。

アジア（ASEAN）地域への投資が盛んに行われていることが伺える。

次に，ASEAN地域におけるFDIの趨勢を見ておきたい。**図表1-2**は1980年から2016年までのASEAN地域におけるFDIを示している。図表1-2から明らかなように，ASEAN地域は金融危機などの一時的な減少を経験しているものの，純流入状態が続いており，一貫して地域外から資本が流入している。特に，2008年に発生したグローバル金融危機以降，その傾向が一段と強まっていることがわかる。金融危機以降，ASEAN地域の成長性やコスト面での優位性などを享受するため，諸外国からの投資が盛んに行われていることの表れである。

図表1-3は中国を中心とする東アジア地域とASEAN地域への資本流入額について比較を行ったものである。ここでは時系列的な変化を捉えるため，2000年を1に基準化している。東アジア地域では低賃金や旺盛な消費マインドを背景として，FDIが盛んに実施されており，その傾向は持続している。しかし，図表1-3から読み取れるように，それ以上に東南アジア地域へのFDIは勢いを増しており，ASEAN地域における労働コスト上の優位性や労働者の勤勉性，

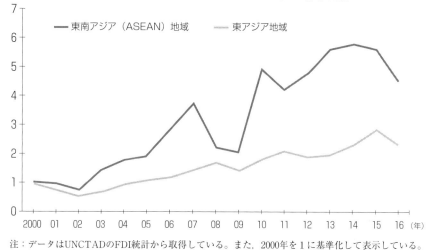

図表1-3◆ASEAN地域と東アジア地域との推移比較

注:データはUNCTADのFDI統計から取得している。また,2000年を1に基準化して表示している。

あるいは経済成長による消費マインドの向上などがその要因として挙げられるであろう。

3．ASEAN地域内におけるFDI

3.1　ASEANにおけるFDIの現状と傾向

　前節ではFDIの現状を概観し，先進国から発展途上国への資本の流入が顕著であることがわかった。この結果は，先進諸国の企業がより低い労働コストや成長市場を求めて，経営資源を配分していることの表れである。特に，近年はASEAN地域に対するFDIの増加が著しい。本節ではASEAN地域に焦点を当てて，FDIの現状と傾向をより詳しく見ていきたい。

　以下図表1-4はASEAN地域におけるFDIの流入の対応関係，すなわちリンケージを示している。データは2012年から2016年までの合計額を用いている。負の値は流入した資本の引き上げを意味しており，言い換えれば，当該国において事業活動の撤退が新規参入よりも多いことを示している。パネルAは

ASEAN地域に所在する国同士のリンケージを示しており，パネルBはASEAN地域に所在する国とEU，日本，米国そして中国とのリンケージを示している。ただし，パネルBでは，ASEAN地域に所在する国への資本の流入のみを表示している。

　まず，パネルAのASEAN地域に所在する国同士のリンケージを見ると，シンガポールが投資国としてのプレゼンスが高く，投資の受け入れ国（秘投資国）であるインドネシアとミャンマーに対しては全体の約60％の投資額になっている。この他，タイがミャンマーとラオスに（それぞれ投資額のシェアは約17％と約10％），ベトナムとマレーシアがカンボジアに投資する傾向があり（同シェアはそれぞれ約9％と約7％），地理的な近接性がFDIの意思決定に影響を及ぼしている可能性が示されている。

　次に，パネルBのASEAN地域に所在する国と他の主要地域とのリンケージを見ると，日本を除く他の主要地域からはシンガポールへの投資額が突出していることがわかる。シンガポールは法人税が低く，租税回避地（いわゆるタックスヘイブン）としての側面も否定できないが，外国資本を積極的に誘致する政策を行っていることが要因としてあげられる。一方，日本はタイとインドネシアへの投資額が多く，さらにミャンマーやフィリピン，そしてベトナムにも投資を行っており，ASEAN地域に所在する国と広く経済的な関係を構築していることがわかる。

　投資額のシェアを見ると，ASEAN地域への他の主要地域からの資本の流入は一様ではないことがわかる。例えば，中国のラオスへの投資額シェアは約58％と非常に高く，他の地域と比較して突出している。米国はフィリピンへの投資額シェアが高くなっているが（約24％），低い労働コストの享受以外にも，言語上の親和性が影響していると考えられる。また，EUはブルネイへの投資額シェアが際立って高い（約67％）。内訳を見てみると，そのほとんどがイギリスからの投資となっており，この背景にはブルネイがかつてイギリスの植民地であったことやイギリス連邦に加盟していることが影響していると考えられる。

図表 1-4 ◆ ASEAN地域におけるFDIのリンケージ

パネルA：ASEAN地域に所在する国同士のリンケージ

投資国＼被投資国	BN	KH	ID	LA	MY	MM	PH	SG	TH	VN
ブルネイ (BN)		11.6	-12.0	0.0	31.0	25.4	0.4	361.7	13.0	317.2
		0.13%	-0.02%	0.00%	0.06%	0.36%	0.00%	0.11%	0.04%	0.62%
カンボジア (KH)	0.0		0.0	58.1	-19.7	0.0	1.1	0.0	13.8	9.6
	0.00%		0.00%	1.68%	-0.04%	0.00%	0.00%	0.00%	0.04%	0.02%
インドネシア (ID)	0.3	1.1		0.4	692.1	16.7	0.0	10,693.9	73.5	92.0
	0.01%	0.01%		0.01%	1.30%	0.24%	0.00%	3.27%	0.20%	0.18%
ラオス (LA)	0.0	0.0	0.0		-0.6	0.0	0.1	0.0	21.0	8.5
	0.00%	0.00%	0.00%		0.00%	0.00%	0.00%	0.00%	0.06%	0.02%
マレーシア (MY)	95.5	619.3	759.9	27.8		54.2	43.6	10,826.2	691.3	2,102.8
	4.28%	6.85%	0.96%	0.80%		0.77%	0.19%	3.31%	1.88%	4.13%
ミャンマー (MM)	0.0	0.0	0.4	0.0	0.8		0.2	350.5	23.0	0.0
	0.00%	0.00%	0.00%	0.00%	0.00%		0.00%	0.11%	0.06%	0.00%
フィリピン (PH)	0.0	0.0	25.3	0.8	720.5	0.0		1,041.3	58.3	48.1
	0.00%	0.00%	0.03%	0.02%	1.35%	0.00%		0.32%	0.16%	0.09%
シンガポール (SG)	40.9	434.4	46,465.7	6.3	9,518.8	4,457.1	659.3		588.3	5,901.7
	1.83%	4.80%	58.77%	0.18%	17.87%	63.30%	2.81%		1.60%	11.60%
タイ (TH)	0.0	390.3	1,117.2	330.0	1,042.6	1,208.7	125.4	110.0		868.5
	0.00%	4.32%	1.41%	9.56%	1.96%	17.17%	0.53%	0.03%		1.71%
ベトナム (VN)	0.0	798.6	34.8	133.1	259.1	173.1	1.8	383.8	7.6	
	0.00%	8.83%	0.04%	3.86%	0.49%	2.46%	0.01%	0.12%	0.02%	

注1：データはASEANstatsデータベースから取得している。
 2：上段は実額（単位はUS百万ドル），下段は投資受け入れ国（被投資国）の対内投資全体に占める当該投資国の投資額シェアを示している。

パネルB：ASEAN地域と他の地域とのリンケージ

投資国＼被投資国	BN	KH	ID	LA	MY	MM	PH	SG	TH	VN
EU	1,491.7	754.5	1,004.3	91.4	9,028.2	2,030.6	3,196.1	90,423.5	-2,193.2	2,987.5
	66.83%	8.34%	1.27%	2.65%	16.95%	28.84%	13.62%	27.65%	-5.98%	5.87%
日本	57.3	388.4	25,834.1	122.1	8,527.4	215.9	4,008.4	4,848.9	25,758.0	8,491.2
	2.57%	4.29%	32.67%	3.54%	16.01%	3.07%	17.08%	1.48%	70.20%	16.69%
米国	-16.9	194.3	1,064.0	12.4	1,678.2	43.3	5,659.2	63,640.8	6,656.7	589.4
	-0.76%	2.15%	1.35%	0.36%	3.15%	0.61%	24.12%	19.46%	18.14%	1.16%
中国	0.0	2,247.6	2,672.3	1,989.3	2,169.0	1,603.3	129.6	21,440.4	2,016.6	2,698.2
	0.0%	24.9%	3.4%	57.7%	4.1%	22.8%	0.6%	6.6%	5.5%	5.3%

注1：データはASEANstatsデータベースから取得している。
 2：上段は実額（単位はUS百万ドル），下段は投資受け入れ国（被投資国）の対内投資全体に占める当該投資国の投資額シェアを示している。

　このように，経済のグローバル化が進展したとはいえ，発展途上国への投資においては，自由に資本が移動しているわけではない。地理的な近接性や言語上の親和性，あるいは政治的なつながりを背景に投資が行われており，FDIに

よる事業活動の展開は，依然として制限された，あるいはセグメント化された市場において行われていると考えられる。

3.2 ASEANにおけるFDIの決定要因

前述のように，FDIを実施する動機はOLI理論によって整理されている。OLI理論によって示された諸要因に基づいて，FDIの決定要因を解明するためには，個別企業のレベルの詳細な情報が必要になる。この点については，すでに多くの学術研究が検証を行っており，研究の蓄積が進んでいる（例えば，松浦［2015］を参照）。

ここでは，FDIを実施するか否かの決定要因について，FDI受け入れ国のマクロ的な視点から，経済の成長可能性を決定要因として取り上げ，簡単な検証を行う。もちろん，経済の成長可能性以外にも，為替や地理的近接性，そして税制などの受け入れ国の制度も重要な決定要因であるが，ここでは最もシンプルな分析として経済の成長可能性のみを取り扱う。

前述のように，企業価値最大化の原則から，FDIを実施するか否は当該投資によってキャッシュ・フローの増大が期待できるか否かが鍵となる。すなわち，FDIの受け入れ国は高い経済成長が見込めるといった特徴を持つはずである。

これまでと同様に，ASEAN地域に所在する10カ国を用いて検証を行う。検証には，2012年から2016年までのFDI成長率ギャップ（世界全体のFDI成長率と各国との差）と経済の成長可能性を示す変数として2005年から2010年までのGDP成長率ギャップ（世界全体のGDP成長率と各国との差）を用い，これらの相関関係を確認する。

図表1-5は検証の結果を示している。両者の間にはやや緩やかではあるが正の相関が見られ（相関係数＝0.31，順位相関係数＝0.32），より経済の成長可能性が高い国へ資本が流入していることが示されている。ただし，ミャンマーのように，高い成長可能性にも関わらず，資本の流入が十分に行われていない国も存在する。

図表1-5 ◆FDI成長率ギャップとGDP成長率ギャップとの関係

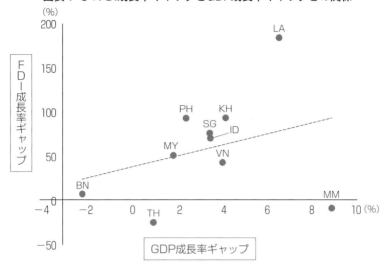

注1：国の表記は，BN＝ブルネイ，KH＝カンボジア，ID＝インドネシア，LA＝ラオス，MY＝マレーシア，MM＝ミャンマー，PH＝フィリピン，SG＝シンガポール，TH＝タイ，VN＝ベトナムとなっている。また，図中の破線は回帰分析による線形近似を示している。
2：データはUNCTADのFDI統計から取得している。

4．FDIによる競争と共栄

　FDIは海外市場にアクセスする手段の1つであり，それは同時に企業価値の最大化のための手段でもある。企業価値を最大化するためには，事業活動の成長性を高め，それに伴うリスク管理を適切に行う必要がある。FDIは企業価値最大化に資する経営戦略であり，近年，そのプレゼンスを高めている多国籍企業は特別な存在ではなく，企業価値最大化行動の結果として生まれた企業形態であると解釈できる。また，成長著しい発展途上国へのFDIによる投資は，企業価値最大化に資する経営上の意思決定である。
　しかし，世の中に魅力的な投資対象国が無数に存在するわけではない。発展途上国の経済はいずれ成熟し，高い成長性が期待できる魅力的な投資対象国は減少していくであろう。すなわち，FDIを通じた成長市場の獲得競争の発生を

意味している。

　本章では，まずFDIの動機について整理したのち，アジアの発展途上諸国であるASEAN地域を対象に，FDIの現状と傾向の把握を試みた。ASEAN地域は，FDI受け入れ国として資本の流入額が急増しており，FDIの対象国として近年注目を浴びていることがわかった。

　また，本章ではFDIの相互関係（リンケージ）と決定要因の解明を試みた。その結果，ASEAN地域内では，シンガポールが投資国としてプレゼンスが高いが，その他の国では，近接する国での投資が一部に確認できる程度であり，資本の移動が生じているわけではないことが明らかになった。

　さらに，ASEAN地域外のEU諸国や日本，米国，そして中国によるASEAN地域に所在する国への投資については，一様に投資が行われているわけではなく，依然としてセグメント化されていることが明らかになっている。この結果は，FDIによる海外進出，そしてそれによる事業活動が依然として制限されていることを意味している。したがって，現時点では，グローバルに熾烈な成長市場の獲得競争が必ずしも生じているわけではない。

　繰り返しになるが，FDIは企業にとって成長機会の獲得手段であり，企業価値最大化の手段を与える。マクロの視点からは，投資国の成長フロンティアを拡大させ，さらに富みの創出を可能にさせる。また，投資受け入れ国においても，新規雇用の創出や投資国の企業が持つ技術やノウハウの習得機会の獲得といった成長を加速させる原動力を手に入れることが可能になるかもしれない。言い換えれば，FDIを通じた共栄が達成される可能性がある。

　しかし，やや悲観的な見方をすれば，投資国は投資受け入れ国の経営資源上の優位性（低い労働コストや自然資源など）を搾取しているとも捉えられなくもない。今後さらにグローバル化が進展し，FDIを通じた海外進出競争が激しくなったとき，経営環境変化のスピードの速まりと相まって，短期指向的な経営資源の搾取を目的としたFDIが蔓延し，上記の悲観的な見方が強まる懸念もある。

　このような搾取は，短期的に高い成長率の享受を可能にさせるが，中長期的

には潜在的な成長性を低下させるであろう。FDIは企業価値最大化の手段の1つであるが、その利用価値を最大にするのは共栄の精神である。

〔引用・参考文献〕

松浦寿幸［2015］『海外直接投資の理論・実証研究の新潮流』公益財団法人三菱経済研究所。
森生明［2016］『バリュエーションの教科書：企業価値・M&Aの本質と実務』東洋経済新報社。
Dunning, John H. [1993] *The Globalization of Business*, London: Routledge.
Madura, J. [2008] *International Financial Management*, Cengage Learning.

第2章

アジアのインフラ資金ギャップを埋める方策*

1. 深刻なインフラ資金ギャップに陥っているアジア

> インフラの話題は非常に興味深い—インフラのアップグレードには数兆ドルが必要になり，世界中で巨額の資金が利回りを求めている。しかし，投資できる対象は限定的で，資金の投資には非常に長い期間を要する…（ブラックロック（BlackRock）[2014]）

　アジアは巨額のインフラ資金不足に直面している。インフラは産業や生活の基盤として整備される施設の総称で，アジア開発銀行（Asian Development Bank：ADB）は2017年に経済インフラの資金ギャップを年間4,590億ドルと見積もった。これはアジアの開発途上国の国内総生産の約2.4％に相当する。

　資金ギャップの背景として，アジアの開発途上国が経済インフラに投資している金額が年間約8,810億ドルに留まっており，今後2016年から2020年の間で必要と推定される年間1.34兆ドルを大幅に下回っていることが挙げられる。そして，インフラ投資需要はアジア地域がさらに力強い経済成長を続けることに伴い，増加の一途を辿っていくことが見込まれている。

　このため，アジア諸国が根本的な問題に対処する方策に着手しなければ，インフラ資金ギャップは今後益々拡大を続けるだろう。対処策は様々考えられるが，とりわけより有望なインフラ投資の事業候補リストの準備，投資リスクの

軽減，過度な投資規制の緩和，インフラが投資家にとって魅力的な資産クラスとなるための投資商品開発，国内投資を呼び込むための資本市場の整備等が必要である。

　近年アジアのインフラ資金ギャップに関する研究が盛んになってきている。ADBは2017年に「アジアのインフラ需要に応える」と題した調査レポートを刊行した。これはADBがアジア開発金融機関研究所（ADBI）と共に編集した2009年のインフラ需要予測を更新したもので，主に交通・運輸，電力，通信および水供給・衛生の4分野を対象としている。

　本章では，これらの既存文献およびADBの事業経験に基づき，資金ギャップを埋めるための処方箋について議論する。またアジアにおける経済インフラだけでなく，社会インフラの資金ギャップの試算も行っている。後に示すように，社会インフラにおける資金ギャップは経済インフラと同様に巨大である可能性があり，注目に値する分野である。

2．アジアのインフラ資金ギャップの規模

　本章ではインフラを幅広く定義し，主に交通・運輸，電力，水供給・衛生および通信等の経済（ハード）インフラ，ならびに教育や保健等の社会（ソフト）インフラを含むものとして議論を進める。ADB［2017］に従い，経済インフラの資金ギャップは，その国に推奨または推定されるインフラ投資ニーズと，近年における実際のインフラ投資との差異と定義している。社会インフラについてはアジアにおける資金需要予測が存在しないことから，資金ギャップを試算するために，実際の社会部門の支出と，国際機関が推奨している望ましい支出レベルとの差異ととらえている。

2.1　経済インフラ

　ADB［2009］は当該地域において，2016年から2020年にかけて年間1.34兆ドルの経済インフラへの投資が必要であると試算した。この分析は2016年から

図表2-1 ◆アジア25カ国の開発途上加盟国におけるインフラ資金ギャップ

対象国	現在の推定投資額（2015年）	予測額（2016年から2020年の年平均）	
		投資需要	不足額（対GDP比％）
合計（25カ国のアジア開発途上加盟国）	881	1,340	459 (2.4)
中華人民共和国（中国）を除く合計	195	503	308 (5.0)
中国	686	837	151 (1.2)

注：単位＝10億ドル（2015年価格）。不足額＝投資需要－現状の投資額。
出所：ADB［2017］を基に筆者修正。

2020年における開発途上加盟国 25カ国に限ったものであるが，試算はこれらの国々における現在のインフラ投資を4,590億ドル程度上回っており，同期間におけるこれらの国々のGDP合計の2.4％に相当する（**図表2-1**）。

ADB［2017］は対象期間を2016年から2030年に拡張し，対象国を45カ国の開発途上加盟国に拡大した結果，必要となる年間経済インフラ投資額は1.7兆ドル，合計で26兆ドルに増加した。経済インフラ投資需要は，インフラ・サービスの需要・供給に影響を及ぼす一連の経済的および人口統計学的指標（1人当たりGDP，人口密度，都市人口比率，産業別経済構造等，各国の特性を踏まえて調整），ならびにインフラストックとそれらの変数の間に推測される経験的関係に基づいている。

2.2 社会インフラ

教育や保健等の社会部門における資金ギャップもやはり大きい。アジアの社会部門における総合的な資金ギャップを試算した研究はほとんどないが，実際の社会部門の支出を望ましい支出水準と比較することにより，社会部門における資金ギャップを明らかにすることができる。本章では国連教育科学文化機関（United Nations Educational, Scientific and Cultural Organization：UNESCO）の

推奨する教育支出水準，および世界保健機関（World Health Organization：WHO）の推奨する保健支出水準をベンチマークとして社会インフラの資金ギャップを算出した。

　本章において，教育投資合計は政府による一般的な教育支出（経常，資本および移転支出）を対象としている。さらに保健投資合計は，公共および民間の保健投資の合計として算定されている。これには保健サービス（予防および治療），家族計画，栄養，および保健部門を対象とした緊急援助が含まれる。UNESCOは，GDPの6％を教育に割り当てることを推奨し，WHOはGDPの5％を保健に支出することを推奨している。実際の教育または保健支出と，UNESCOまたはWHOのベンチマークとの差異は，社会インフラ資金ギャップの試算に使用される。

　2016年，主要なアジアの開発途上加盟国18カ国において，6,730億ドルが教育に，8,670億ドルが保健に費やされた。中国，キルギス共和国，モンゴル，タイおよびベトナムは，教育と保健の両方にGDPの4％以上を費やしている。バングラデシュ，カザフスタンおよびパキスタンは，教育と保健のいずれかの部門に3％未満しか費やしていない。さらにアジアのほとんどの開発途上国において，教育支出と保健支出は均衡がとれているが，一部に保健よりも教育に大きな額を費やしている国（ブータン，東ティモール）もあれば，一方で教育よりも保健に多くを支出している国（アルメニア，中国等）もある（UNESCO［2016］，WHO［2016］）。

　前述の手法に従い，アジアにおける社会部門の資金ギャップは年間4,480億ドルと試算された。これは経済インフラ資金ギャップの合計とほぼ等しい金額である。大部分のギャップは，年間3,760億ドルに及ぶ教育部門によるもので，保健部門は年間720億ドルに留まった。注目すべきは，社会部門の支出のうち，資本支出は20％未満であり，80％以上が職員の給与等の経常支出だということである。

2.3 インフラ資金ギャップの構造

ADB［2017］によれば，現状では公的部門が全体の92％と，経済インフラ投資資金供給の大半を占めている。公的部門の経済インフラ投資における比率は，東アジアで90％以上（中国が牽引）と最大となっており，最も低い南アジアでも62％である。民間部門による貢献度は高まっており，モルディブでは経済インフラ投資の80％を占め，パキスタンとフィリピンでは50％，インドでは40％を占めている。対照的にブータン，中国等一部の国々では，民間部門によるインフラ投資の役割はいまだに極めて限定的である。

3．アジアの巨額貯蓄がインフラ投資に向かわない理由

近年，アジアの主な開発途上国は巨額の貯蓄と外貨準備高を有している。一方でその膨大な貯蓄と外貨準備高をアジア地域の投資に取り込めていない。これはインフラに限った話ではないのだが，このパラドックスへの対処策を検討することが，インフラ資金ギャップの抜本的な解決につながり得る。

3.1 クロスボーダー投資のパラドックス

> …過去6年間の国際金融システムにおける最も驚異的な展開は…世界で最も成功している新興市場から伝統的な先進国への大量の資金流入，そしてそれに伴う開発途上国での莫大な外貨準備高の蓄積である（サマーズ［2006］）。

2006年のインド準備銀行での講演において，ローレンス・サマーズ（Lawrence Summers）はこれを以下の3つの特徴を持つ「グローバルな資金フローのパラドックス」としてうまくまとめている。①世界で最も成功している新興市場から伝統的な先進国への大量の資金流入，およびこれに伴う開発途上国での巨額の外貨準備高の蓄積。②世界の新興市場における外貨準備高は，金融保護に必要な外貨準備高に関する以前の基準を大幅に上回っている。③これらの外貨準

備高に対し期待される実質収益が極めて低い。

アジアは現在この問題に悩まされており、サマーズのコメントから10年以上経過した現在でも、同様の状況に陥っているといえる。ポートフォリオ資産だけを対象としても、2016年12月末時点でアジアは6.2兆ドルをアジア以外の地域に投資しており、一方でアジア以外の地域がアジアに投資している金額は4.4兆ドルであった。このほぼ2兆ドルのギャップは、サマーズの見解にあるアジア域外への大量の資金流出と一致している。このアジアからの純流出額の4分の1だけでもアジア内で留保し、経済インフラに投資できれば、経済インフラ資金ギャップを埋めることができるのである。

注目すべきは、巨額の貯蓄を蓄積し、それらを域外に流出させている国々は先進国、特に日本であるということである。日本は4兆ドルをアジア域外のポートフォリオ資産に投資している。日本を除けば、アジアのポートフォリオ資金の流入額と流出額はほぼ均衡がとれているのである。さらに韓国、シンガポール等の先進国も除けば、流入額は流出額の3倍以上となる。このため、グローバルな資金フローのパラドックスは、ほとんどアジアの先進国が原因となっているのである。

3.2 インフラ資金供給につながらない要因

アジアの高い貯蓄率、特に個人貯蓄は、なぜアジア地域内への投資、特にインフラ投資に向けられて来なかったのだろうか。グローバル・インフラストラクチャー・ファシリティ（GIF）はこの要因を3つの論点に整理している。1点目は資金供給側にある、インフラ投資に対する金融、財政、およびその他の制度制約であるとしている。その他の2つの論点は、資金需要側にあり、①投資を呼び込むために十分な採算の見込めない企画が不十分な事業、および②高いインフラ投資リスク（一部はアジアに固有なリスク）である。これらの要因がアジアの投資家の投資判断を思い留まらせていると考えられる。

3.2.1 金融，財政，およびその他の制度制約

投資環境の未整備がアジアにおけるインフラ投資ギャップの主な理由であることは明らかである。これは開発途上国だけで深刻な問題ではなく，日本や韓国を含むアジアの先進国にも関係している。こうした先進国では金融市場が発達しており，インフラに投資するための資金は存在する。しかし2008年の金融危機以降の金融規制強化がこれに影響し，クロスボーダー投資に関する制約が大きくなり，インフラ事業の投資家を遠ざけてしまっている。

さらに民間からの資金調達を呼び込む革新的な金融商品が不足していることもアジアの先進国からの投資を妨げる要因となっている。例えば，近年インフラは明確な資産クラスとして先進国地域では広く受け入れられているが，アジアの投資家にとってインフラはまだ資産クラスにはなっていない。

インフラが投資家にとって魅力的な資産クラスとなるための投資商品開発を行うためには，同じような性質を共有し，市場において似通った動きを示し，同様の法律および規制の対象となる証券（債券，株式）のグループに関する情報が必要となる。

開発途上国の大規模なインフラ事業における社会および環境影響の軽視も批判の対象となっており，インフラ投資を制限している。この問題は，特にアジアで重要になってきている。急速な都市化による人口の密集，所得水準の急上昇，それに伴う生活の質への意識の変化に伴い，環境および社会的配慮がインフラ投資において最も重要な審査事項の1つとなっている。

3.2.2 公的部門における融資可能な事業組成能力の強化

アジアの開発途上国では，融資可能な投資事業の創出を支援する政策環境と事業構築能力の強化が必要である。これは十分な商業収益は見込めないが，市民の社会的ニーズを満たす公共事業および社会インフラ事業に特にあてはまることである。

インフラ事業への融資は容易ではない。株式投資家が利用できる現在の事業候補リストの約70％が開発途上のグリーンフィールドの事業である。投資家は

これらを，より確かな採算が見込めるブラウンフィールドの事業よりもはるかにリスクが高いと見ている（マッキンゼー［2016］）。

　投資を決定する前に民間部門は事業が投資適格かを審査するが，企画や計画が十分に検討されていない事業はコストが大幅に高くなり，インフラ事業が民間部門の資金を動員することができない主たる要因となっている。有能な政府は，民間の投資対象となりえる事業の候補リストを更新し，これらの情報を投資家に対して効率的に提供している。しかしこうした投資適格事業の数はアジアで不足しており，民間投資を呼び込むうえでの主たる制約要因となっている。

　アジアでは適切な計画に基づき，融資可能なインフラ事業を企画・開発することが緊急の課題である。これには，様々な官民連携モデル，適切な金融手段（開発途上国への譲許的融資等）や，その他の革新的な手法の開発が含まれる。

　重要なことは，事業候補リストが制限されているのは，実行可能な事業が存在しないためではない。むしろ政府が投資適格事業を組成する能力，経験または民間部門の理解を十分に有していないことにある。これは融資可能であるかどうかを投資家が判断できる情報が不足したままで，現状では多くの事業計画に関する情報が投資家に共有されていることを意味する。

3.2.3　高いインフラ投資リスク

　アジアにおける膨大なインフラ需要にもかかわらず，インフラ投資が不足している主な原因として投資家の高いリスク認識も関係している。その良い例がカントリー・リスクだろう。政府機関の契約義務遂行能力が限られた国では，明確な契約違反や公的機関による支払不履行の恐れがある。

　アジアの開発途上国のうち，41％がカントリー・リスクについて最低ランクの評価を受けており，その他の31％には評価がついていない（ADB［2017b］）。スタンダード&プアーズのソブリン・リスク評価指標では，アジアの開発途上国のうち26％が投資適格を下回る格付けBBB－となっており，その他の59％は格付けがない。投資適格とされ，国際金融機関に受け入れられている国はわずかに15％に留まっている。

「規制，マクロ経済，および政治リスクによって，多くの［開発途上の］国々においてハードルが異常に高くなり，結果的に融資可能な民間投資事業が限定されてしまうのである」(GIF［2016］)

　投資環境が十分に整備されていないアジアの国々におけるインフラ事業は，投資家に高い信用リスクを想起させてしまっている。民間投資家は比較的安全なインフラ資産に関する債券類（できれば保証されているもの）でなければ安心して保有できないことが多い。民間投資家は，利回りとしてはそれほど魅力的でないが，比較的安全なブラウンフィールドのインフラ・資産クラスに関心を持っていることを意味している。

　建設，規制や需要リスクの影響を受け，払い戻しに長期間を要するグリーンフィールドのインフラ事業に強い関心を示す民間投資家は，はるかに少数である。通常の交通・運輸や電力インフラにおける建設リスクは限定的だが，需要リスクや規制リスクが問題視されることが多い。原子炉，長距離トンネル，大規模な都市再開発事業等，より特殊なインフラ投資については建設リスクも大きな懸念となる。

　事業および国家レベルのリスクに対応する金融商品は，インフラへの追加投資に不可欠である。「民間金融機関は，十分な信用補強やリスク削減の仕組みがない限り，高レベルのリスクがある事業に融資したがらないかもしれない」(GIF［2016］)。投資受入国では，優良な長期インフラ事業を打ち出すことはできるかもしれない。しかし建設，需要，為替リスク等に対処する保証を提供しない限り，または金融仲介機関による原資産の証券化が行われない限り，こうした事業には資金供給が停滞してしまいがちである。

3.2.4　長期投資家のアジアにおける役目はいまだに限定的である

　長期投資家は競合が少なく資金需要が大きい長期的なグローバル・インフラ資産への投資機会を模索している。このため，長期投資家がインフラ資金ギャップを埋めるうえで，重要な役割を果たしてくれるのではないかという期待が寄せられている。

しかしアジアにおいて長期投資家の役割はいまだに限定的である。第一にアジアの年金基金の規模は大きいとは言えない。特に中国を含むアジアの開発途上国では，アジア以外の先進国と比較し，年金基金の規模ははるかに小さい。さらにアジアのほとんどの年金基金は先進国に存在している。アジアでは約17兆ドルの民間資金が存在すると推定されているが，その大半は日本とオーストラリアにある。

第2に長期資金の投資配分はインフラへの配分目標を下回っている。2015年に公的年金基金はインフラへの投資配分目標を5.1％としていたが，実際の配分は3.2％に留まっている。また保険会社はインフラへの配分目標を3.9％としていたが，実際には2.9％程度である。個人年金基金は，4.3％をインフラへの配分目標としていたが，実際の配分は2.5％であった。例外はソブリン・ウェルス・ファンド（政府系ファンド）で，世界全体で7兆ドルの投資のうち約40％がアジア向けであり，そのうち29％がインフラに投資されている。

4．インフラ資金ギャップを埋める方策

4.1　資金ギャップの解決に向けた枠組み

アジアでは実行可能な事業候補リストが十分でないこと，高いリスク認識，制度制約，およびインフラが投資家にとって魅力的な資産クラスとなるための投資商品開発の不十分さといった，インフラ開発への主要な課題に対応する必要がある。これらの課題への対処策として，①制度制約を軽減するための革新的方策，②銀行が融資可能な事業の準備，および③リスクの軽減といった3つの解決策が考えられる。

4.1.1　制度制約を軽減するための革新的方策

民間部門の参画を拡大する投資環境整備には，政策および規制緩和が必要である。同時に，承認や審査を短縮し，ビジネス・プロセスを効率化することにより，運用の改善を図ることができる。クロスボーダー投資の規制緩和等，制

度制約の改善には時間がかかるが，革新的な金融手法はより短期的に効果を発揮する可能性がある．2つの新たな国際開発金融機関が2015年に設立され，インフラ資金ギャップの解決に向けた期待が高まっている．アジアインフラ投資銀行と新開発金融機関であるが，新たなインフラ融資機関を創設するだけでは，膨大なアジアのインフラ資金ギャップを埋めるには十分とは言えない．

アジアおよび世界の貯蓄をインフラ投資資金に振り向けるための革新的な融資の仕組みと手法を，既存・新規の金融機関が協力して開発していく必要がある．例えば市中銀行を通し大企業向け融資を促進することができるほか，アジア債券市場育成イニシアティブのように債券市場を育成していくことが考えられる．

開発金融機関はこれまで様々なインフラ投資プラットフォームを設置してきたが，その国際的な注目度は高いとは言えない．これらの専門化された投資プラットフォームの主な目的は，公的・民間部門がともに長期貯蓄を活用し，巨額の資金をインフラ投資に向かわせることである．ドナーおよび政府もプロジェクト促進プラットフォームを通し，協調してPPPへの支援を拡大しようとしてきた．彼らは事業のマッチングを促進し，世界的な資金供給と開発途上国のインフラ需要を結びつけようとしている．

市場は新興国のインフラ債券指標を必要としている．この指標はベンチマークとして機能し，投資基準となり得る．こうした取り組みを通じて流動性を促進し，機関投資家と個人投資家に新興市場のインフラ投資を促す可能性があるだろう．インフラに関する債券指標はいくつかすでにあるが，ほとんどは少数の債券で構成され，十分な投資対象を判断するためのものとしてまだ十分に機能しているとは言えない．

4.1.2　融資可能な事業の準備

アジアにおけるインフラ事業開発を支援するためには，事業企画から融資契約の締結に至るまで，プロジェクト組成ファシリティが必要になる．プロジェクト組成ファシリティは，一般的に無償資金を活用しインフラ事業の組成を円

滑に進め，その量と質を高めることを目的として設立されている。インフラにおける複雑なPPPの事業形成コストは，総事業費の5％から10％と見積もられており，プロジェクト組成ファシリティの果たす役割は大きい。

こうしたファシリティは複数地域の異なる部門を対象とする場合もあれば，地域・部門を限定する場合もある他，国内企業を支援するために，2国間で固有のファシリティを創設する場合もある。ADBが主導するアジア・太平洋プロジェクト組成ファシリティはこういった支援の一例である。

こういったファシリティを活用しつつ融資可能な事業候補リストを形成するには，投資環境整備，潜在的な事業の発掘，事業の準備および投資の実行可能性評価，政府による事業候補リストの質の保証といった4点が重要である。

4.1.3　リスク軽減

政治リスクおよび財務リスクは，比較的低いリスクで収益が見込めるインフラ事業であっても機関投資家の投資意欲に水を差してしまうことがある。本章で後にいくつかの具体例を紹介するが，この制約に対処するため，以下のようなリスク軽減策を立てることが考えられる。①条件付き劣後保証（貸し手が一部のリスクを負担する「リスク共有」ファシリティ）を通じて，債券の格上げに貢献する。②規制リスク対応ファシリティを設定し，規制変更によって生じる債務不履行に対応する。③カウンターパーティ・リスク対応ファシリティを設定し，政府からのカウンター保証を求めずに信用度の低い国有企業による未払いまたは支払遅延に対応する。④リファイナンス保証を提供し民間金融機関が融資期間を延長することを可能にする，あるいは条件付きリファイナンス・ファシリティを設定する。

4.2　国際開発金融機関の役割

国際開発金融機関（Multilateral Development banks：MDB）は，独自の技術的な専門能力を蓄積し，政府との長期的な関係を築いている。これらをもとに開発途上国におけるグリーンフィールドの事業形成に関与し，インフラ事業へ

の資金供給において重要な役割を担っている。特に政府の財政制約を軽減し，リスクを共有することによってインフラ投資の促進を図っている。

2007年から2008年にかけて広がった世界金融危機の際には，危機の期間中および危機以降のインフラ開発の促進，国内および海外での財務的脆弱性の影響緩和，および資本市場の育成の推進等MDBの果たす役割に対する関心が再び高まった。

ADBはアジアのインフラ資金需要に対応するための改革を実施している。アジアの開発途上加盟国への支援規模を拡大するため，ADBのアジア開発基金（ADF）の融資業務を通常資本財源（OCR）のバランスシートに統合する画期的なイニシアティブをすでに実行に移している。2017年の初めから有効になったこの統合によって，融資と無償支援を合わせたADBの年間承認額は50％以上増加し，2020年までに年間200億ドル規模に達する見込みである。こうしたバランスシートの最適化を通じた支援規模の拡大は，他のMDBにおいても参考になる取り組みであるといえるだろう。

4.3　アジアにおけるインフラ融資の最新動向

ここからは具体的なADBの最近の経験をもとに，3つの簡単なケーススタディを通して，アジアにおけるインフラ融資の最新動向を概観したい。

図表2-2 ◆大企業向け融資での金融仲介機関との提携

金融仲介機関

ADB → IIFCL → プロジェクト（特別目的事業体）

通常資本財源で19億ドル貸付

シンジゲートローン
ADB-IIFCL：20％
商業銀行：80％

サブローン：デリー国際空港
（インド，2007年，28億ルピー）
融資期間：17年
利子：年10.5％
10年物インド国債利率：6.6％
主導銀行：インド工業信用投資公社（ICICI）

サブローン：ムンバイ国際空港
（インド，2007年，28億ルピー）
融資期間：17年
利子：3年物インド国債利率＋2.15％
10年物インド国債利率：6.6％
主導銀行：インド産行開発銀行（IDBI）

出所：アジア開発銀行をもとに筆者修正。

(ケース1：大企業向け（ホールセール）融資での金融仲介機関との提携)

　ADBはインドインフラ金融公社（India Infrastructure Finance Company Limited：IIFCL）と提携し，インドでのPPPを活用したインフラ開発において主導的な役割を果たしてきた。インド政府は収益の見込めるインフラ事業に長期的な融資を提供するため，2006年にIIFCLを設立した。ADBとIIFCLはサブプロジェクトの総資本コストの20％を限度とした融資を行い，他の商業銀行の融資への参入を促進している。2011年までにADBとIIFCLはすでに協調して30の事業に融資しており，今後合計60以上のPPP事業へ融資し，240億ドル以上を市場から動員することが見込まれている（**図表2-2**）。

(ケース2：債券市場を開拓するための金融仲介機関との提携)

　ADBはIIFCLと共同で部分信用保証を提供し，プロジェクトボンドの格付けを引き上げる取り組みも行っている。IIFCLは国の保証の下で国内および海外市場から資金を調達しており，こうした資金を用いてPPPの特別目的事業体（Special Purpose Vehicle: SPV）に対する長期融資を提供している。IIFCLはプロジェクトボンドに対する部分信用保証を提供し，ADBはIIFCLの投資対象比率の50％までのリスクを共有する。例えばADBとIIFCLは共同で独立電力会社であるReNew Power Ventures Private Ltdの風力発電投資のための，6.8万ドルのプロジェクトボンドを保証した。IIFCLは，債券の最大28％を保証し，IIFCLが総融資額の1.2％に相当する額の保証料を政府に支払うことを条件に，債券の信用格付けをAA＋まで引上げることに成功している（**図表2-3**）。

(ケース3：現地通貨建て債券市場の開拓)

　MDBは現地通貨建て債券を発行するために，事業に対する直接保証を提供することもできる。例えばティウイ・マクバン気候変動債券は，フィリピンの電力部門において初めて現地通貨建てで発行されたプロジェクトボンドで，地熱発電所への投資に必要な資金を提供している。ADBはこの債券の元本および金利の75％を保証することにより，信用補強を行った（**図表2-4**）。

図表2-3◆債券市場を開拓するための金融仲介機関との提携

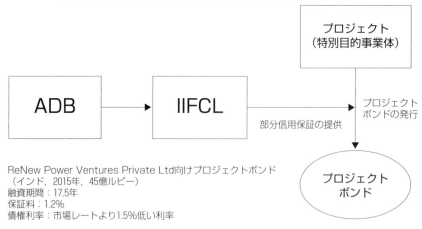

ReNew Power Ventures Private Ltd向けプロジェクトボンド
（インド，2015年，45億ルピー）
融資期間：17.5年
保証料：1.2%
債権利率：市場レートより1.5%低い利率

出所：アジア開発銀行をもとに筆者修正。

図表2-4◆現地通貨建て債券市場の開拓

ティウィ・マクバン気候変動債券
（フィリピン，2016年，107億ペソ）
融資期間：10年
保証：元本と利子の75%まで
保証料：市場レートで事業会社が支払う

出所：アジア開発銀行をもとに筆者修正。

4.4　PPPの可能性と課題

　インフラ事業が融資審査を受ける際，民間部門は収益を出す必要があるため，投資家のニーズが社会的便益よりも優先されることがある。民間インフラ投資への依存は，民間投資を呼び込むために事業候補地の選定と企画立案に影響するだろう。

　PPPはインフラ整備に必要な民間資金の導入を促進するが，PPPの組成は政策と公的部門の信用力によって大きく左右される。開発途上国におけるインフラ投資への民間部門の関与を拡大させるためには，PPPを実施するための投資環境整備を政府が主導して行っていく必要がある。実際に公共投資の盛んな国では多くの民間投資を呼び込んでおり，公共投資の少ない国では民間投資を動員できていないことが知られている。

5．アジアのインフラ資金ギャップを埋める対策強化の必要性

　アジアは数十年間にわたる目覚ましい成長の勢いを持続するため，インフラへの膨大な投資を必要としている。しかしアジアでのインフラ投資は十分な水準とは言えない。2016年から2020年の間に必要な年間推定1.34兆ドルの経済インフラへの投資需要のうち，アジアの開発途上国は年間8,810億ドルの資金供給に留まっている。比較的知られていないのが，アジアの社会インフラへの投資も同様に不足しているという事実である。UNESCOとWHOが推奨する望ましい教育・保健支出水準と実際の支出の差から社会部門のインフラ資金ギャップは年間4,480億ドルと試算できる。なぜアジアは世界で最大の国内貯蓄率を誇り，莫大な外貨準備高を持ちながらインフラ資金ギャップを埋めることができないのかという問いは，長年にわたって人々の頭を悩ませてきた。年金基金等，長期機関投資家のアジアのインフラ投資への実績は，想定を下回る水準である。

　本章ではインフラ投資が不足している主要な理由を考察した。第一にインフラ事業に対する資金供給の縮小につながり得るクロスボーダー投資規則および

規制等，域内投資環境面での制約がある。これは発展した金融市場と豊富な投資資金を有する日本や韓国等の先進国にもあてはまることである。

　第二に革新的な金融商品の不足が，アジア域内の先進国からの民間投資を妨げている。アジアでは他の地域と異なり，インフラが投資家にとって魅力的な資産クラスとなるための投資商品開発が十分行われていない。

　第三に政府が投資に適した事業を組成するために必要な能力，経験または民間部門の理解を十分に有しているとは言い難い現状がある。アジアにおいて事業の候補リストが限定されているのは，実現可能な事業が不足しているためではない。

　グローバルな資金フローのパラドックスを克服するために，アジアは今後重要なインフラ投資課題に正面から向き合っていく必要がある。このためには，投資対象となり得る優良な事業候補リストの強化，インフラ投資に高いリスクが伴うという認識の改善，機関投資家に対する規制緩和，およびインフラが投資家にとって魅力的な資産クラスとなるための投資商品開発が今後一層必要となるであろう。

　　＊本章で記載された内容は，ADBの見解を述べているのではなく，筆者個人の意見であり，何か間違いがあればその責任は筆者個人に帰属する。

〔引用・参考文献〕
ADB［2017］*Meeting Asia's Infrastructure Needs*. Manila: ADB.
ADB and ADBI［2009］*Infrastructure for a Seamless Asia*. Tokyo
G20［2011］*Supporting Infrastructure Development in Low-Income Countries*. G20
Global Infrastructure Facility［2016］*Making Infrastructure Rewarding*.
OECD［2015］*Official development finance for infrastructure. OECD Report to G20 finance ministers and central bank governors IIWG meeting in Berlin and G20 Finance Ministers and Central Bank Governors*. Paris: OECD.
Summers, L.H.［2006］*Reflections on Global Account Imbalances and Emerging Markets Reserve Accumulations*. L.K. Jha Memorial Lecture. インド準備銀行

McKinsey Global Institute [2016] *Bridging Global Infrastructure Gaps*, pp.25-26. http://www.mckinsey.com/industries/capital-projects-and-infrastructure/our-insights/bridging-global-infrastructure-gaps（2016年10月17日現在）
UNESCO, "Institute for Statistics." http://uis.unesco.org/（2017年10月現在）
The World Bank, "World Development Indicators" http://data.worldbank.org/indicator（2017年10月現在）
WHO, "Global Health Expenditure database" http://www.who.int/health-accounts/ghed/en/（2017年10月現在）

第3章
日本企業のアジアBOPビジネス市場への進出戦略

1．急成長するBOP市場と低い成功確率

　近年，開発途上国との協力・共同体の話題が注目を集めている。2002年にプラハラードとハート（Prahalad & Hart）がBOP（Base of Pyramid：経済ピラミッドの底辺）という概念を提唱して以来，先進国から開発途上国へのビジネス進出が活発化し，多くの企業は大きなBOP市場が形成されているアジア，アフリカなどに進出している。

　ASEAN（Association of South East Asian：東南アジア諸国連合）も総人口が2017年現在の約6.3億万人から，2050年には約8億人の市場になると予測される成長可能性の高いBOP市場である。その一方で，これまでASEAN諸国間の経済的な格差，経営環境の違いなどから，政治・社会の分野で協力に向けた動きがあったのに対し，経済・経営の分野においては協力に向けた動きがあまり進んでこなかった。また，BOP市場に進出した企業が成功する確率は高くないと言われている。それはBOP市場の特性に合わせた進出戦略を立案せずに，進出を進めたことに起因する。

　そうした背景を踏まえ，本章では，BOPビジネスに関する理論的な背景と定義を検討し，キム（KIM［2012］）が提示したBOP市場の特性と金井［1997］が提示した戦略的社会性に基づき，進出する企業の特性を合わせた分析フレームワークを提示する。次に，メタウォーター株式会社の事例を紹介し，分析を

行う。最後に，本章の結論とインプリケーションを示す。

２．BOPビジネスの先行研究のレビューと分析フレームワークの提示

2.1 先行研究のレビュー

　プラハラード（Prahalad [2004]）は，年間所得3,000ドル以下，所得ピラミッドの底である40億人口の市場に注目すべきだと主張した。彼はBOP市場について「グローバル社会の貧困層を真に助けるのは慈善事業などのような援助ではなく，低所得消費層が市場の主体として経済的な役割を果たすこと」だと述べた。

　今まで多くの企業は年間所得3千ドル以上のMOP（Middle of the Pyramid: 中間所得層）市場を中心に事業を展開してきたが，先進国市場の経済成長の鈍化，出産率の低下など，市場の成長可能性の限界を感じた多くの企業がMOP市場からBOP市場へと関心を移している（Prahalad and Hart [2002]）。BOP市場の人口の割合は，アジアが72％，アフリカが13％，中南米が9％，東欧が6％などであり，市場規模はアジア，中南米，アフリカ，東欧の順となっている（IFC [2007]）。

　BOP市場に関する研究は様々であるが，第一に，BOP市場の一般的な特性について説明する。BOP市場の対象は1日の所得が2ドル，年間所得が750ドルに満たないが40億の人口を持つ消費市場（Prahalad [2004]），世界の総人口の中うち40億人が属する市場であり，年間所得が3,000ドルを上限とする総5兆ドルの購買力を持つ市場（IFC [2007]）といった定義付けがされている。また，その他の定義としては，絶対多数の人口が地下経済あるいは法の枠を超えた取引，生活を過ごしている市場（IFC [2007]）といった定義や，社会的な問題の解決と経済的な利益を同時に追求し，新たな市場を発掘できる開発途上国の貧困層（水尾 [2010]）といった定義付けがされている。

　水準から見たBOP市場の特徴をまとめると，1人当たりの1日の所得が2～8ドルの年間所得，750～3,000ドル以下の階層であり，購買力基準では約

2.3兆～5兆ドル規模の，全世界の人口の約7割を占める40億人が対象になる巨大な市場であるといえるだろう。したがって，BOP市場において，企業は雇用の創出によりBOP層の購買力を向上させることが最優先課題である。

　第二に，制度的な観点からのBOP市場の研究について説明する。多くのBOP層は私有権の認定，財産権の行使，銀行の利用ができない地下経済に属している（IFC［2007］）。また，知的財産権の保護，犯罪活動の予防に対する法律体系が装備されておらず，司法権の行使も恣意的である（安室［2011］）。通常，信用の創出と提供を前提に取引が行われ，交換関係が形成されるが，地下経済に属しているため，BOP層はMOP層の消費者に比べ，収入に対して必要最低限の商品やサービスに高い金額を支払わなければならない。IFC（International Finance Corporation：国際金融公社［2007］）はBOP市場へ進出を考えている，あるいはすでに進出している企業は，BOP層をフォーマル経済に参入させることで成功の可能性を高めることができると指摘する。つまり，BOP市場において，企業は個人と共に成長し，共通の利益を創出する成長戦略を策定し，経済的な目的と共に社会的な目的が達成できるように企業の中核事業に集中しなければならないのである。

　第三に，BOP層は商品に対する需要が存在する潜在的に重要な市場である。IFC［2007］は，BOP層は，個人所得は低い水準であるが，全体的に購買力は非常に高い水準にあり，満たされない欲求から，高い消費意欲を持つ潜在的消費者であると指摘している。自動車，家電製品など嗜好品の購入にも積極的である。品目別消費パターンを見ると，食料品，燃料，建築資材，交通，医療，通信，その他の順で，衣食住にほとんどの所得を支出している。今後，可処分所得が増えると交通，通信分野への消費が増加すると見込まれている。ただ，個人の欲求を商品の購買へと繋げる知識，経験または制度的な支援が不十分である（IFC［2007］）。したがって，品目別に消費者の欲求と期待水準を満たす方法を探すのが必要である。

　最後に，都心に公共インフラが集中している一方で，BOP層の多くが生活を営む農村地域やスラムには公共インフラがほとんど整備されていない。例え

ば，インドの場合，農村の水インフラは現在も井戸水を重要な水源として使用しているなど，基礎インフラへのアクセスが制限されている（大門［2014］）。消費市場と共に労働市場への接近性が低く，低い識字率と熟練度により労働の質も悪い。加えて，BOP層の70％以上は地下経済に属しているため（IFC［2007］），進出企業はBOP市場の情報収集を行うことが難しい。そのため，BOP市場で成功するためには，BOP市場に関する信頼性の高いデータと非公開情報を収集できるかどうかが鍵となる。

このような情報の非対称性を緩和させる手段としては，製品・サービス市場の情報に接近可能な政府機関，企業または非営利組織などとのパートナーシップを結ぶことが挙げられる（野村総合研究所［2016］）。

また，BOP市場に進出する企業は経済的，社会的，環境的な利害関係を同時に満たす根本的な革新を必要とし，BOP市場の変化に能動的に対応できる，状況に応じたアプローチが革新には必要である。BOP層のニーズを満たす新商品の考案・開発，そのための市場ベースの解決策の可能性を創造的に考えるのも1つの方法である（IFC［2007］）。さらに，貧富の格差を深刻化させる社会的問題の解決に積極的に取組むことにより，共同繁栄を達成していく革新的触媒も可能である。革新的触媒は破壊的革新の下位概念と見ることもできるが，国家レベルでの社会の変化を図る点で異なっている（Christensen, et al［2006］）。

ビジネスの次元から考えると，発想の転換，創造的思考，技術革新やビジネスモデル・システムの根本的な革新を意味する。BOP市場で成功したベスト・プラクティスは先進国市場において新たな事業機会にも繋がる。このように，企業がBOP市場の特徴——ユニークな文化，消費者特性，製品・サービスの市場——に関する知識，経験およびノウハウを蓄積させることは企業に根本的な革新を行う機会となり，新たなビジネスチャンスの創出にも繋がるのである。

2.2　アジアBOP市場の現状

アジアのBOP市場は，わが国の新たな市場として重要性が高まっている。シンガポール，マレーシア，ブルネイが経済発展段階において相対的に先陣を

切っており，最近になって，インドネシア，ベトナムなどが新興工業国の仲間入りをしつつ，経済成長に成功している。そして，カンボジア，ラオスなどが過去の孤立状態から脱し，国際社会に復帰している。

前述したように，BOP市場の総人口のうち，アジアは全体の72.2％を占めており，アフリカの12.3％，東欧の6.4％，中南米の9.1％に比べ高い水準である。地域別にBOP層が占める人口の割合を見ても，アジア地域では総人口の83.4％がBOP層に属している。また，所得面でも，アジアは全体の71.3％を占めており，中南米の10.5％，東欧の49.4％，アフリカの8.8％に比べ高い水準となっている。

野村総合研究所［2016］は，アジアBOP市場の重要国（中国，インド，ネパール，タイ，パキスタン，マレーシア，フィリピン，ベトナム）の所得階層別人口推移について調査し，BOP層からMOP層への階層移動が急激に進んでいると指摘した。

以上からも分かるように，アジアのBOP層では所得向上によるMOP市場への階層移動が起こっており，今後MOP市場での競争優位性を高めるためにはBOP市場への進出は必至である。

2.3 分析フレームワークの提示

アジアのBOP市場は成長可能性が大きい市場であるが，進出が容易ではない異質性が存在する市場である。地理的に見ると，インドネシア，マレーシアなどの島国と，インドシナ半島の国家であるベトナム，タイなどで構成されている。宗教的な側面では，イスラム，カトリックなど，様々な宗教が混在している。所得の側面からは，シンガポール，マレーシアのように開発経験が蓄積され，経済が発展した国家群がある反面，ベトナムのような移行経済体制（共産主義から資本主義）に属する国もあり，ミャンマー，カンボジアのような低所得国もある。このように，アジア地域では，その異質性に注目しなければならない。

また，制度的には，前述したように地下経済に結構依存している（IFC

[2007]）。さらに，BOP市場の中にも貧富の格差が存在しており，異質性がますます強化される多次元的な特徴を持っている。このような異質的な状況下で，企業の成功は，経営環境間の緊密な相互作用の副産物であり，特定の状況下での価値創出の成否は，企業の能力開発と蓄積にかかっている。それについてKIM［2012］は，企業はBOP市場の特性を考慮するステップ，あるいは状況的なアプローチを検討するステップが必要であり，BOP市場の区分と企業の戦略を考慮する統合的な観点からアプローチする必要があると提案した。

まず，BOP市場に進出する際は，経済的な問題だけではなく，社会的な問題の解決にも注目する必要がある。占部［1984］によると，企業は経済的目的を達成するための経済的戦略を追求するだけでなく，環境の改善や社会福利問題などの社会的課題の解決に貢献する社会的戦略を探求しなければならないと主張した。また，企業が社会的ニーズを発見し，そのニーズを満たすために革新的な方法やシステムを開発することによって社会的問題を解決すると共に，新たな市場を創造することによって企業の採算ベース乗せていく社会的市場計画という概念を提示した。つまり，進出企業は雇用と所得の創出が製品の販売に繋がるサイクルを提案し，結果として貧困の解決と利益の創出を実現できるのである（Prahalad & Hart［2002］）。

また，金井［1997］は，短期的には経済的価値に結びつけていくことが不可能であったとしても，それを新事業創造などの革新イノベーションを通じて新しい価値創造，市場創造へとつなげ，収益性と社会性を両立させる戦略的社会性という概念を提示している。よって，本章では，BOP市場へ進出する企業が経済的な便益と社会的な便益を同時に追求する企業が，そうでない企業より競争優位の創出と維持に有利であると考え，金井［1997］が提示した戦略的社会性を構成要素として入れ，経済的な便益を追及する経済的戦略と社会的な便益を追及する社会的戦略に分けて企業戦略を提示する。

次に，BOP層は地域別にはアジア，アフリカ，中南米，東欧順に分布していると同時に地理的には農村，および都心のスラムに集中している（大門［2014］）。例えば，インドの場合，約12億人の人口の中で，農村人口の比率は

約76％であり，BOP層のほとんどが農村部に位置する。(IFC［2007］)。BOP市場に進出した企業は，進出先の地域における社会的な問題の解決を図りながら収益活動を行っている。

Prahalad［2004］は，その際の問題の解決策として，消費者の購買力の創出，消費者の欲求の実現，消費者との接近性の向上，そして現地中心の解決策の模索を提示した。KIM［2012］は，既存のBOP研究は消費者の観点と生産者の観点で区分しているが，アジアのBOP層の特性である農村部への偏りが反映されていないことを指摘し，多面的に市場を把握することができる生産者市場と消費者市場の区分を採用し，インドの事例を検証した。

本章では，KIM［2012］が提示した生産者市場と消費者市場の区分を活用し，金井［1997］が提示した戦略的社会性を図式化した**図表3-1**の分析フレームワークを用いて，日本のBOP企業であるメタウォーター社について分析を行う。

図表3-1 ◆分析フレームワーク：BOPビジネスモデル

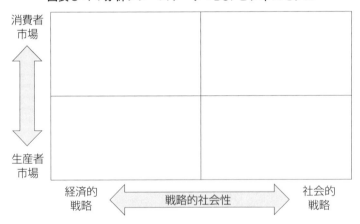

出所：大滝，金井他［1997］，KIM［2012］をもとに筆者作成。

3. メタウォーター株式会社の事例

3.1 事例紹介

　メタウォーター株式会社は，2008年4月1日，日本碍子株式会社と富士電機株式会社の各水・環境事業子会社の合併により，水・環境分野における総合エンジニアリング企業として発足した。発足以来，水資源の循環を創り出すための最適解を提供するという企業理念に基づき，日本碍子由来の機械技術と富士電機由来の電気技術を併せ持つ企業グループとして，国内外の上下水道，環境の各分野で事業を展開している。

　また，国内外企業との連携・提携も積極的に推進し，顧客のニーズに合わせた幅広いソリューションの提供や今後の成長に向けた事業領域の拡大にも注力している企業である。

　同社は高い技術力をもとに海外にも積極的に進出しており，2008年10月のベトナム進出をはじめ，2013年1月には米国，同年4月にはカンボジア，同年8月にはオランダに進出している。特に，アジアではメタウォーター社の上下水道事業で培った豊富な実績，技術，ノウハウを活かし，ODA（Official Development Assistance：政府開発援助）などを活用して，地域のニーズに合わせた取り組みを推進している。例えば，既存の下水処理方法より安価な方法である前ろ過散水ろ床法（Pre-treated Tricking Filter法）をベトナムホイアン市の下水処理施設へ導入したことや，カンボジア，ミャンマーなどに車載式セラミックマクロシステムなどを展開しており，水質改善，生活・衛生環境改善，観光資源保全など，アジアの開発途上国のニーズにあわせた事業を展開している（**図表3-2**）。

図表3-2◆会社概要

会社名	メタウォーター株式会社（METAWATER Co., Ltd.）
代表者	代表取締役社長　中村　靖
事業内容	水環境分野の各種装置類，施設用電気設備などの製造販売，各種プラントの設計・施工・請負
本社住所地	東京都千代田区神田須田町一丁目25番地
設立年月日	2008年4月1日
上場年月日	2014年12月19日
主要経営指標	連結売上高：1116億8800万円 連結経常利益：62億5100万円 ※2017年3月期 資本金：11,946,708,000円
従業員数	2,889人　※2017年3月31日現在，連結
主要拠点	国内：東京（本社），札幌，仙台，横浜，名古屋，大阪，広島，高松，福岡 海外：アメリカ，オランダ，ベトナム，カンボジア
海外進出の沿革	2008年10月　ベトナム進出（ハノイ駐在員事務所設立） 2009年12月　米国テキサス州で世界最大級のオゾン設備を受注（北米エリアのオゾン発生器の新規受注額のシェアがトップ）。 2010年10月　ベトナム事務所移転（ハノイ➡ホーチミンへ） 2011年6月　ベトナム上下水道展2011に出展 2012年9月　アフリカの災害対策用として車載式浄水装置が初採用（マラウイ共和国，ケニア共和国，トーゴ共和国） 2013年1月　初の海外現地法人として米国にMETAWATER USA, INC.を設立（本社：ニュージャージー州，エンジニアリング部門：オハイオ州に設立） 　　　　4月　カンボジア事務所開設（プノンペン駐在員事務所設立） 　　　　7月　オランダのPWNテクノロジー社と戦略的提携（浄水用セラミック膜の海外展開を加速）。 　　　　8月20日　オランダのRWB社と資本業務提携。 2014年1月31日　カンボジア・ケップ州に車載式セラミック膜ろ過装置を納入 　　　　2月19日　ミャンマーで車載式セラミック膜ろ過装置の販売を開始。 2016年1月　米国水処理エンジニアリング会社，Aqua-Aerobic Systems, Inc.を完全子会社化。 　　　　12月　ベトナム国 ホイアン市の下水処理施設を受注。 2017年3月　ベトナム国 ホイアン市の下水処理施設の起工式を開催。

出所：メタウォーター株式会社ホームページから筆者修正。

　メタウォーター社の主な事業分野はプラントエンジニアリング事業とサービスソリューション事業の2つである。まず，プラントエンジニアリング事業で

は，国内外の浄水場・下水処理場等の機械・電気設備の設計・建設およびこれらの設備で使用される各種機器類の設計・調達・販売を行っている。機械技術と電気技術を得意とする2社が統合して設立された同社は，世界的にユニークな機電融合技術と商品開発力により，浄水場・下水処理場の省エネ，省人，省資源化に貢献している。

特に，同社のプラントエンジニアリング事業は海外で高い評価を受けており，先進国である米国や欧州だけではなく，日本政府のODAの一貫として，世界の貧困層の生活の質を向上させるための水関連事業にも参画している。サービスソリューション事業では，国内の浄水場・下水処理場等の機械・電気装置，および設備で使用される各種機器類の補修工事・維持管理，運転管理等の各種サービスを提供しており，ごみ処理施設・リサイクル施設の各設備に対応した延命化・改修の提案を行っている。また，同社は研究開発にも力を入れており，全国3カ所にある開発拠点でプラント開発，電機システム開発，コンポーネント開発，制御システムに分かれて，研究開発を行っている。

3.2　事例分析

図表3-2にもあるように，メタウォーター社は2008年から東南アジアを中心にその事業領域を海外に拡大してきた。ベトナムでは，2008年の駐在員事務所の設立以降，展覧会の開催などを通じて徐々にその存在感を浸透させてきた。2016年には月島機械株式会社との共同企業体として，独立行政法人 国際協力機構による日本の政府開発援助の無償資金協力案件「ホイアン市日本橋地域水質改善計画」の中で，ベトナム国 ホイアン市との請負契約を締結している。

この下水処理システム「前ろ過散水ろ床法（Pre-treated Trickling Filter法）」は，メタウォーター社が発展途上国向けに開発を進め，地方共同法人日本下水道事業団が実施する『海外向け技術確認』を受けた技術（海外向け技術確認を受けた名称は「先進的省エネ型下水処理システム」）であり，「省エネルギー」，「容易な維持管理」，「安定した処理水質」，「低ライフサイクルコスト（低い生涯費用）」などの特徴がある。この技術を活かして，「ホイアンの古い町並み」

として世界遺産に登録されているホイアン市において下水処理施設の新設および下水路の改修を行い，名所「日本橋」地域の水質改善を図り，同市の生活衛生環境の改善，観光資源の保全による地域経済の開発促進に寄与している。これを機にメタウォーター社は東南アジア諸国に本システムの普及・拡大を図り，著しい経済発展に伴う水環境悪化問題の解決に貢献していくことになる。

　カンボジアには2013年に現地事務所を設立し，2014年に同国・ケップ州に「車載式セラミック膜ろ過装置」を納入した。車載式セラミック膜ろ過装置とは，水源が高濁度かつ変動性の高い水質の場合でも安定的に安全な飲料水を提供でき，わずかなスペースでも設置可能なセラミック膜システムの特長を活かした可動式の浄水装置である。その装置の納入の経緯としては，カンボジア・ケップ州が，水道未普及地域に浄水を普及させる目的で，車載式浄水装置，貯水タンク，水運搬用ポリタンク，水運搬用カートを導入するプロジェクトを企画・立案し，2013年6月に外務省が広報文化外交の一環として実施している「草の根・人間の安全保障無償資金協力（開発途上国における経済社会開発を目的とし，在外公館が中心となって資金協力を行なう制度）」に申請していた。このプロジェクトが在カンボジア大使館の現地調査などを経て援助の即効性，機動性を認められ，実施に至ったのである。

　カンボジアは，メタウォーター社が上下水道事業の拡大に向けて最も注力している国の1つである。2010年8月には，北九州市上下水道局とカンボジア，ベトナム・ハイフォン市を対象とした水ビジネスの展開に関して基本協定を締結した。その後，同年同月に設立された北九州市海外水ビジネス推進協議会に加入し，北九州市と協力しながら，プノンペンで車載式セラミックろ過装置の実地走行試験（2011年9月〜12月実施）やケップ州で実証実験（2012年7月実施）などを行った。また，厚生労働省の調査業務や水道セミナーを通じて，この装置の適用可能性を広げている。

　2013年3月には，その他のアジア諸国でも水ビジネスを展開すべく，北九州市に拠点を開設し，北九州市，北九州市海外水ビジネス推進協議会との連携をさらに強めている。翌年4月にはプノンペンに駐在員事務所を開設し，カンボ

ジアでの事業拡大を図っている。また，2013年12月には，カンボジアで開催されたアンコールワット国際ハーフマラソンのメインスポンサーを務め，車載式セラミック膜ろ過装置を用いたシャワーをランナーに提供するなど，水処理の重要性や自社技術のPR活動にも注力している。

メタウォーター社の関係者は自社のアジアの発展途上国への進出から現在までの進出過程と，進出形態の変化について次のように述べている。

"2008年，ベトナムに駐在員事務所，2012年，カンボジアに駐在員事務所を設立し情報収集を強化しております。ベトナムについては，水道にて飲める水のアプローチを開始しましたがコストのGAPが埋まりませんでした。そのため下水道への参入を目指し，2011年より発展途上国向けの下水処理方法の開発に着手し，昨年度1号案件を受注しております。カンボジアについては，当初より北九州市と官民連携を実施し，電機・機械の専門家としてカンボジアに派遣しキャパビルに寄与しその人脈を活用し，水道設備の受注をいたしております。"

進出先のターゲット層，もしくはターゲット国家，地域，進出方法については，次のように語っている。

"基本的には官民連携が可能なエリアを思料しております。ターゲット層については，プロジェクトごとの判断をしております。わが社はパートナー戦略を実施しております。業種的には，納入した設備をメンテナンスができるかをポイントととらえております。"

メタウォーター社はすでに大きな市場が存在し，今後も安定成長が見込め，同社のソリューションに対するニーズが見込める欧米を主なターゲットとしており，グループの海外売上高の大部分は北米が占めている。アジアを含むその他地域については，将来的な事業拡大を見据えて，官民連携で地域のニーズに応じた事業を展開していく方針である。現時点でのアジアの売上高は，年度によって異なるが平均して数億円程度で，将来的に市場規模に応じた事業拡大を図る見込みである。

アジア市場に進出する際に，北九州市との官民携によりアジアの将来に向け

た市場開拓をしてきたが，ODAなどへの参画，スポーツイベントへの協賛などにより，カンボジア，ベトナムなどで同社の認知度が高まってきた。

アジアの発展途上国への進出は薄利で，短期的には赤字のケースも多いという調査結果もあるが，同社は将来的な成長（人口・経済等）を見据えてアジアで市場開拓をしている。初期投資に伴う赤字は容認するが，民間企業である以上，投資回収の見込みがなければ事業継続はできない。同社は，少なくともインフラ投資されている部分については，現地住民の生活の質が向上していると認識している。

企業がアジアの発展途上国に事業展開するパターンは2つが存在する。1つは，現地の文化や経済状況に合わせた消費者市場への進出，もう1つは現地のインフラ整備，雇用の創出などによる現地産業の復興，その利益回収を目的とする生産者市場への進出である。同社の場合，水関連事業であることから，生産者市場への進出があてはまると考えられる。メタウォーター社は，現時点において①官民連携による水インフラ市場の開拓，②市場拡大に伴う事業拡大（戦略的提携やM&Aを含む）③現地での収益向上を順に想定している。同社が進出先の競合他社より競争優位性を保てた理由について同社の関係者は技術

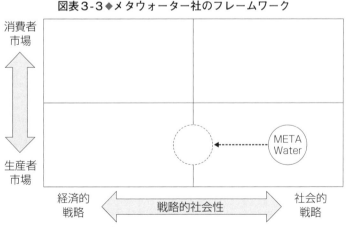

図表3-3◆メタウォーター社のフレームワーク

出所：筆者作成。

のユニークさと官民連携にその秘密があると言及している。

以上を分析フレームワークに基づき整理すると**図表3-3**のようになる。

メタウォーター社はアジアのBOP市場に進出するため，政府主導のプロジェクトに参加し，今後の市場拡大が見込まれる分野への投資と側面から，進出先の現地住民の生活の質向上に取組んだ。つまり，同社は水インフラという「生産者市場」に密接に関連した分野に進出する際に，「経済的な戦略」を取るよりもODAを通じた「社会的な戦略」を取ることを優先したのである。しかし，企業は非営利活動組織ではなく，営利活動を目的とする組織である。よって，今後同社は水インフラの質を向上させることのできる能力を社会的な価値だけではなく，経済的な価値を生み出す方向にも向けていくことが，BOP市場を開拓するうえで求められるのではないだろうか。

4．BOPビジネスの参入における課題解決アプローチについて

本章では日本企業のアジアのBOP市場への進出戦略を分析するために，先行研究としてBOP研究においてどのような議論が交わされてきたのかを検討した後，分析フレームワークを提示してきた。分析フレームワークは，BOP市場のターゲット層に注目し，生産者市場と消費者市場のどちらに注目してビジネスを展開するかという軸（KIM［2012］）と，その便益を考える際に社会的な戦略，経済的戦略のいずれに重きを置くかという軸（占部［1984］，金井［1997］）から構成されている。

事例としては，水・環境分野の事業を営むメタウォーター社を取り上げた。同社のターゲット市場は生産者が中心で最初は社会的戦略の性格が色濃かった。それは投資の初期段階では十分な利益が見込めないにもかかわらず，将来性を見越してアジア市場に進出したという同社のインタビューからも分かる。民間企業でありその収益性を高めなければならない性質の組織であるため，今後は事業そのもので収益を得ながら社会貢献を同時に達成する戦略的社会性（金井［1997］）を追求する方向に移行していくものと考えている。

ところで，筆者はBOPビジネスを展開する際に留意すべき点が存在すると考えている。例えば，ビジネスの性質からして緊急性を要するものと比較的にそうでないもの，衛生や命に直接係わるもの，そうでないものがある。例えば，開発途上国では水資源や環境の問題は生活に欠かせない喫緊な課題である。しかし，例えば医療事業，その中でも緊急性のない手術を薄利多売的に行うことは果たしてBOPビジネスとして適しているのだろうか。筆者が数十人以上の医者・医療従事者にインタビューした所，開発途上国ではやむを得ずそのような手術を行う場合があり，その危険性について各方面から指摘されているという。

　ここからも分かるように，BOPビジネスに参入する際は自社の事業分野と，その国が抱える問題との関わりの中で，取組むべき課題の優先順位を決め，現時点で最も重要な社会的課題が何かを考えたうえでビジネスを展開するべきである。市場全体の規模は大きいものの，低所得者が多く，先進国と全く同じ品質のものを一律に供給することは困難である。だからこそ，進出する際に長期的なビジョンを描いたうえで，その国や社会，市場に適した戦略を展開することが肝要ではないだろうか。

[謝辞]

　本稿作成の一部は，JSPS科研費15H03372（研究代表者 北海道大学 岩田智）の助成を受けたものである。ご支援にこの場を借りてお礼を申し上げたい。

〔引用・参考文献〕

占部都美［1984］『新訂　経営管理論』白桃書房。

大滝精一・金井一頼・山田英夫・岩田智［1997］『経営戦略―論理性・創造性・社会性の追求』有斐閣。

大門毅［2014］「BOPビジネスに関する実証研究 インド水ビジネスの事例」『プロジェクト研究』第10巻，17-28項

水尾純一［2010］「戦略的CSRの価値を内包したBOPビジネスの実践に関する一考察」『駿河台大学経済論集』第20巻第1号，1-36項

Christensen, H, Griffiths, KM, Groves, C. [2006] "Free range users and one hit wonders: Community users of an Internet-based cognitive behaviour therapy program". *Australian and New Zealand Journal of Psychiatry* 40: 59-62.

IFC [2007] *The Next 4 Billion: Market Size and Business Strategy at the Base of the Pyramid*, World Resources Inst

Jang-Hoon Kim, ZuKweon Kim [2012] "Exploratory research on the market penetration strategy in the Bottom of the Pyramid : The Indian case.", *Korean Academy of International Business Management*, 423-450.

Prahalad, C. K. and S. L. Hart [2002] "The fortune at the bottom of the pyramid", *Strategy Business*, 1-14.

Prahalad, C. K. [2004] *The fortune at the bottom of the pyramid: Eradicating poverty with profits*, Philadelphia: Wharton Business Publishing.

メタウォーター株式会社http://www.metawater.co.jp/ (2018年2月5日現在)
　＊メタウォーター株式会社海外本部海外センター海外営業部の担当者S氏とのインタビュー資料より引用

第4章 アジアにおける交通インフラ整備

1. 交通インフラの役割

　鉄道，道路，港湾，空港などの交通インフラストラクチャー（インフラ）は私たちの生活に不可欠な存在である。私たちが通学や通勤，買い物や旅行に出かける場合，鉄道や自動車，飛行機を利用している。私たちが購入する大部分の製品はトラックや鉄道貨物，そして航空貨物によって運ばれたものである。

　もし鉄道や道路が十分に整備されていなかったり，空港が近くになかったりすると，私の生活は不便になり，企業活動は停滞してしまうかもしれない。交通インフラの存在は私たちの生活のみならず，企業活動，ひいては国の経済成長にとって重要な役割を果たしている。

　本章では，アジアの経済状況と交通インフラの現状を把握し，交通インフラを整備する方法について説明する。そして，アジアでの交通インフラの整備における日本の取り組みを説明し，効果的な整備に向けた課題を考える。

2. アジアの経済状況と交通インフラ

2.1　アジアの人口

　最初に，アジアの人口について把握しておく。人口が成長している国々では移動に対するニーズが高くなり，交通インフラに対するニーズが高くなってく

る。ここではアジアの人口成長率の推移と都市における人口成長率の推移について見てみる。

2.1.1 アジアの人口成長率

図表4-1では2000年から2030年までの世界とアジアの人口成長率を示している。どの国々も人口増加の程度は今後徐々に低下していくことが予測されているが、アジアの国々では比較的人口成長が続くと予想されている。日本は他の国々よりも早く人口減少に突入し、今後も人口減少が続いていく。中国、韓国、タイは日本に続いて人口成長率が低く、中国とタイは2025年以降人口の成長が止まると予測されている。

図表4-1◆人口成長率

単位：％

	2000-2005	2005-2010	2010-2015	2015-2020	2020-2025	2025-2030
世界	1.3	1.2	1.2	1.1	1.0	0.9
東アジア	0.6	0.5	0.5	0.4	0.2	0.0
中国	0.6	0.6	0.5	0.4	0.2	0.0
日本	0.1	0.0	−0.1	−0.2	−0.4	−0.4
韓国	0.6	0.3	0.4	0.4	0.3	0.2
東南アジア	0.6	0.3	0.4	0.4	0.3	0.2
インドネシア	1.4	1.4	1.3	1.1	0.9	0.8
マレーシア	2.0	1.8	1.8	1.4	1.2	1.0
フィリピン	2.0	1.7	1.6	1.5	1.4	1.3
シンガポール	2.8	2.4	1.7	1.4	0.7	0.6
タイ	0.8	0.5	0.4	0.2	0.1	0.0
ベトナム	1.0	1.0	1.1	1.0	0.9	0.7
南アジア	1.7	1.5	1.3	1.2	1.1	0.9
インド	1.7	1.5	1.2	1.1	1.0	0.8
中央アジア	1.1	1.5	1.7	1.4	1.2	0.9
西アジア	2.1	2.5	2.1	1.7	1.5	1.3

注：2015年以降は推計人口に基づく。
出所：United Nations, World Population Prospects : The 2017 Revisionをもとに著者作成。

しかしながら，タイを除く東南アジア，南アジア，中央アジア，西アジア地域での人口成長率が比較的高く，マレーシア，フィリピン，中央アジア，西アジア地域は世界の人口成長率より高い。長期的に人口成長は収まっていくとはいえ，人口成長が続くアジアの国々は多いことがわかる。

2.1.2　都市の人口成長率

人口成長のうち，都市における人口の様子を見ておこう。都市に人口が集中すると，その国の経済活動がより活発になる反面，渋滞などの混雑の問題も生じる。交通インフラの整備を考える場合，都市化のスピードも把握する必要がある。

図表4-2は2000年から2030年までの世界とアジアにおける都市人口の成長率を示している。これによると，一国全体の人口成長の程度が低くても，都市における人口成長は同じように低いわけではなく，都市への人口が流入が進んでいる。

他の国に先駆けて人口が減少する日本においても，都市人口が減少局面に入るのは2020年以降と少し遅い。日本に次いで人口成長の程度が低い中国やタイでも都市の人口成長率は比較的高く,2025年ぐらいまでは世界の都市人口成長率よりも高い。

他の国々においては一国の人口成長率よりも都市の人口成長率の方が高く，特に，フィリピンや中央アジアでは都市の人口成長率は今後高まっていくという予測である。アジア各国において都市化が今後も進むことが予想される。

人々が都市に集中するようになると，特に公共交通機関の整備が必要になってくる。都市内での人口が過密になると，道路の渋滞や自動車の排気ガスによる環境汚染が問題になってくる。そのため，地下鉄や都市鉄道などの大量輸送機関に対するニーズが高まってくる。

2.2　アジアの経済状況

経済活動が活発になり，人々が豊かになってくると，ヒトやモノの移動が盛

図表4-2◆都市人口成長率

単位：%

	2000-2005	2005-2010	2010-2015	2015-2020	2020-2025	2025-2030
世界	2.3	2.2	2.1	1.8	1.6	1.4
東アジア	3.3	2.9	2.5	1.9	1.3	0.9
中国	4.0	3.6	3.0	2.3	1.6	1.1
日本	2.0	1.1	0.6	0.1	−0.1	−0.3
韓国	0.9	0.7	0.7	0.6	0.5	0.4
東南アジア	3.0	2.7	2.5	2.2	1.9	1.7
インドネシア	3.2	3.1	2.7	2.3	2.0	1.7
マレーシア	3.4	3.1	2.7	2.2	1.8	1.5
フィリピン	1.4	1.1	1.3	1.6	1.8	2.0
シンガポール	2.7	2.4	2.0	1.5	0.9	0.8
タイ	4.6	3.5	3.0	2.2	1.6	1.0
ベトナム	3.2	3.1	3.0	2.6	2.2	1.9
南アジア	2.8	2.6	2.5	2.4	2.3	2.1
インド	2.7	2.5	2.4	2.3	2.2	2.1
中央アジア	0.6	1.1	1.4	1.6	1.6	1.6
西アジア	2.9	3.1	2.4	2.0	1.8	1.6

注：2015年以降は推計人口に基づく。
出所：United Nations, World Population Prospects : The 2017 Revisionをもとに著者作成。

んになってくる。そうなると，それを支える交通インフラがますます必要になってくる。ここではアジアの経済成長と国民の経済的豊かさについて見てみる。

2.2.1　経済成長

　図表4-3は世界とアジアの2000年以降の実質GDP（Gross Domestic Products：国内総生産）の年平均成長率を示している。日本を除くアジアの国々では世界の経済成長率を超えており，高い経済成長を実現している。特に，中国やインドでは5％以上の高成長が続き，他のアジア地域を見ても，インドネシア，フィリピン，ベトナム，中央アジアでは4％を超えている。

図表4-3 ◆実質経済成長率（年平均）

単位：%

	2000-2005	2005-2010	2010-2015
世界	1.8	1.3	1.5
東アジア	3.5	4.4	4.0
中国	9.1	10.7	7.3
日本	1.1	0.1	1.1
韓国	4.2	3.8	2.6
東南アジア	3.7	4.1	3.7
インドネシア	3.3	4.3	4.2
マレーシア	2.7	2.6	3.4
フィリピン	2.5	3.2	4.2
シンガポール	2.1	4.3	2.3
タイ	4.7	3.2	2.5
ベトナム	6.2	5.3	4.7
南アジア	4.4	5.3	3.9
インド	5.2	6.8	5.5
中央アジア	7.6	5.4	4.4
西アジア	2.3	1.6	3.0

出所：United Nations, National Accounts Main Aggregates Databaseをもとに著者作成。

2.2.2　経済的豊かさ

　アジアの国々では経済成長が続いていることがわかったが，国民の経済的な豊かさはどの程度変化しているのだろうか。国民1人当たりの豊かさの指標は1人当たり実質GDPで見られることが多い。

　図表4-4は東アジア，東南アジア，南アジアの主な国々の1人当たり実質GDPの推移を示している。1人当たり実質GDPの水準が高いが最も高いのはシンガポールで，その次が日本や韓国といった先進国である。経済成長が著しい中国やインド，そして比較的成長率が高いインドネシア，フィリピン，ベトナムでは1人当たり実質GDPの水準が低い。

　しかし，2000年から2015年までの変化を見ると，中国で3.7倍，インドでは

第4章 アジアにおける交通インフラ整備

図表4-4◆主要国の1人当たり実質GDP

単位：ドル，倍

		2000	2005	2010	2015	2000-2015
東アジア	中国	3,701	5,719	9,526	13,570	3.7
	日本	33,872	35,658	35,750	37,818	1.1
	韓国	20,757	25,517	30,352	34,178	1.6
南・東南アジア	インド	2,495	3,179	4,405	5,754	2.3
	インドネシア	5,806	6,825	8,433	10,368	1.8
	マレーシア	16,310	18,577	21,107	25,002	1.5
	フィリピン	4,224	4,779	5,597	6,875	1.6
	シンガポール	51,699	61,965	72,105	80,892	1.6
	タイ	9,189	11,525	13,487	15,237	1.7
	ベトナム	2,562	3,406	4,408	5,555	2.2

注：数値は購買力平価GDP。
出所：The World Bank, World Bank Open Dataをもとに著者作成。

2.3倍，ベトナムで2.2倍，インドネシアで1.8倍と経済成長率が高い国々で1人当たり実質GDPの伸びも大きい。日本以外の国々では1人当たり実質GDPは1.5倍以上になっており，アジアの国民は経済的に豊かになってきていることがわかる。

2.3　アジアの交通インフラの現状

人口の増加や都市化，経済成長が続くアジアにおいて，交通インフラへのニーズは高いだろう。アジアにおける交通インフラの現状を知るために，現在の交通インフラの質とニーズについて見てみる。

2.3.1　交通インフラの質

世界経済フォーラム（World Economic Forum）が公表している『世界競争力レポート（The Global Competitiveness Report）』には，世界各国のインフラ，政治，経済，技術，教育，衛生など12項目からなる競争力が示されており，137カ国中の各国の順位を知ることができる。

図表4-5は2016年のアジアにおける交通インフラの質の指数を示している。この指数は1から7の間をとる数値で、数値が大きくなればなるほど質が高いという意味である。

これを見ると、総じてインフラの質が高い国はシンガポールである。日本は鉄道インフラの質は高いが（アジア1位、世界2位）、港湾と空港はそれぞれ世界21位、26位でそれほど上位とは言えない。シンガポールと日本に次いで交通インフラの質が高いのは韓国で、その次に位置するのがマレーシアである。

経済成長が著しい中国とインドの交通インフラの質は、世界平均をやや上回っているがそれほど高い質とは言えない。世界の順位で見ると、中国は鉄道が17位であるが鉄道以外は40位代で、インドは鉄道が28位で鉄道以外は40位以下である。

他のアジアの国々を見てみると、おおむね世界平均に近いが、インドを除く南アジア、中央アジア、ベトナム、フィリピンはどの部門においても世界平均を下回っている。このように、日本などのごく一部の国を除き、アジアの国々

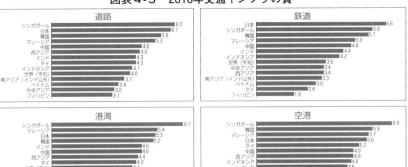

図表4-5　2016年交通インフラの質

注：中央アジアとはカザフスタン、キルギス、タジキスタンの平均である。南アジア（インド以外）とは、バングラデシュ、ブータン、イラン、ネパール、パキスタン、スリランカの平均である。西アジアとは、アルメニア、アゼルバイジャン、バーレーン、キプロス、ジョージア、イスラエル、ヨルダン、クウェート、レバノン、オマーン、カタール、サウジアラビア、トルコ、アラブ首長国連邦、イエメンの平均である。カタール、サウジアラビア、トルコ、アラブ首長国連邦、イエメンの平均である。

の交通インフラは十分に整備されているとは言えないのが現状である。

2.3.2　交通インフラへのニーズ

　アジアにおいて交通インフラに対するニーズがどの部門にどの程度あるか見ておこう。2010年から2013年までのアジアのインフラ投資ニーズは約8兆USドルあるとされている（アジア開発銀行・アジア開発銀行研究所［2010］）。そのうち，最も割合が高いのはエネルギー（電力）インフラで約4兆USドル（約51％）である。次に割合が高いのは交通インフラの約2兆5,000億USドル（約31％）である。

　交通インフラの内訳を見ると，道路部門のニーズが約2兆3,400億USドルで圧倒的に割合が高く，次に高いのは鉄道部門の約386億USドルである。道路部門では新規建設のニーズが約1兆7,000億USドル（約73％）あるのに対し，鉄道部門では既存設備に対するニーズが約359億USドル（約93％）と圧倒的である。鉄道部門では新規建設よりも老朽化した既存設備の更新や近代化に対するニーズの方が大きく，道路部門と異なる傾向がある。

3．交通インフラの整備

3.1　インフラ・ビジネスの特徴と形態

　前節で述べたように，アジアの国々では交通インフラに対するニーズがあるにも関わらず，十分整備されていないのが現状である。本節では交通インフラを整備するうえで理解しておくべき点として，インフラ・ビジネスが持つ特徴とインフラ・ビジネスを実施するための手法について説明する。

3.1.1　インフラ・ビジネスの特徴

　インフラ・ビジネスには以下の3つの特徴がある（加賀［2013］）。
　インフラ・ビジネスが持つ特徴の1つ目が長期的に安定した事業収入である。インフラ・ビジネスは事業が順調に続けば，安定した事業収入を得ることがで

きるビジネスである。インフラはどの国であっても国民生活や経済活動にとって不可欠なものであり，景気や需要の変動の影響を受けるとはいえ，他の産業に比べると安定したビジネスといえる。

2つ目の特徴は大きな初期投資である。安定した事業収入を得られるとはいえ，線路，道路，空港，港など整備するためには初期投資が莫大となる。そのため，他のビジネスに比べ資金調達が困難である。莫大な投資資金を回収するためには時間がかかり，すぐに収益に貢献するということはない。

そして，3つ目の特徴としてあげられるのは，インフラ・ビジネスは国の法制度や計画のもとに行われている規制産業ということである。通常のビジネスであれば，収益の機会があれば参入し，なくなれば退出すればよい。価格は需要と供給のバランスを見ながら設定すればよい。

しかし，インフラ・ビジネスの場合はそのようにはいかない。道路や鉄道路線をどこに敷くかといった事業計画は事業者が自由にできるわけではなく，国の国土計画（交通計画）に従って行われている。料金の設定や改定についても，国の許可などが必要になってくる。国の法制度や計画が変更されると，事業に大きな影響を及ぼす可能性が高い。そういう意味でインフラ・ビジネスは政治的リスクと無縁ではない。

3.1.2　インフラ・ビジネスの形態：PPP（官民連携）

インフラ・ビジネスは規制産業であることを述べたが，インフラ・ビジネスは民間企業，公共部門，そして民間と公共の連携で行う場合がある。

日本では，関西国際空港および大阪国際空港のように，国出資の新関西国際空港株式会社の運営権を，関西エアポート株式会社という民間企業が獲得して空港の運営を行っている例がある。鉄道においても，近鉄，阪急，阪神などの私鉄は民間企業が鉄道事業を行っているが，一部の路線では，公共部門が線路の整備に補助をしたり線路の保有会社に出資をしたりしているケースがある。

アジアの国々では，1990年代前半からインフラの整備において技術や資金面で民間活力が導入されてきた。近年では，アジアの主要国ではPPP（Public

図表 4-6 ◆ PPPの主な形態

	資金調達	建設	所有	操業	期間終了後
BOT	民間	民間	民間	民間	公共に所有権移転
BTO	民間	民間	公共	民間（公共から使用権を得て操業）	公共
BOO	民間	民間	民間	民間	民間
BLO	民間	民間	公共	民間（公共から借り受けて操業）	公共
DBO	公共	民間	公共	民間	公共

出所：加賀［2013］，9－11頁をもとに筆者作成。

Private Partnership：官民連携）の制度が整備され，公共部門と民間部門がパートナーとなってインフラ・ビジネスを実施する枠組みが整備されつつある。

　PPPによってインフラを整備する目的には，民間企業の活力を活用し，公共部門の財政負担を減らすということがある（加賀［2013］）。インフラのニーズが拡大しているアジアにおいて，投資資金のすべてを財政資金で賄うことはできず，財政負担を軽減するためにも民間資金を活用する必要がある。また，民間企業が事業に参画することで，民間企業が持つ経営ノウハウや技術を活用し，付加価値の高い事業運営を行うことで顧客満足を高める狙いがある。

　PPPには様々な形態が存在する。単に公共部門から民間企業に業務を委託されるものもあれば，民間企業が事業権を得てプロジェクトを主導するようなものもある。ここでは，インフラの資金調達，建設，所有，操業，プロジェクト期間の終了後の所有者といった視点からPPPの形態を整理する。PPPの主な形態には**図表4-6**に示したようなものある（加賀［2013］）。

　まず，BOT（Built-Operate-Transfer）は民間企業が自ら資金調達してインフラを建設（Built）し，その資産を所有して操業（Operate）する。あらかじめ決められた期間内に，このプロジェクトの事業収入をもって投下資金を回収し，期間終了時に公共部門にインフラの所有権を移転（Transfer）する方法である。

　2つ目のBTO（Built-Transfer-Operate）は民間企業が自ら資金調達してイン

フラを建設（Built）し，完成したところで公共部門に所有権を移転（Transfer）する。インフラの使用権を得て操業（Operate）のみ行い投下資金を回収する方法である。

　3つ目のBOO（Built-Own-Operate）はBOTと同じであるが，事業権の有効期間が終了しても公共部門に所有権を移転しない方法である。

　4つ目のBLO（Built-Lease-Operate）は民間企業が資金調達と建設（Built）を行うが，建設したインフラを民間企業が所有せず，リース（Lease）で公共部門から借り受けて操業（Operate）する方法である。

　以上の4つは資金調達から民間企業が行うものであったが，最後のDBO（Design-Built-Operate）は，資金調達は公共部門が行い，インフラの設計（Design），建設（Built），操業（Operate）を民間企業が行う方法である。

4．インフラ・ビジネスにおける協力

4.1　日本の取り組みと課題

　アジアにおけるインフラ・ビジネスを実施する日本の取り組みと課題について説明しておく。

4.1.1　成長戦略としてのインフラシステム輸出

　人口減少社会に突入した日本では，海外のインフラ・ビジネスへの進出が重要な政策課題となっている。毎年閣議決定される「日本再興戦略」には成長戦略の1つに海外のインフラ需要を取り込むための取り組みが挙げられている。

　海外のインフラ需要を取り込むことは日本経済の活性化につながり，かつ，日本の質の高いインフラ技術を提供することで，現地の人々の生活水準の向上につながるとして，官民一体によるインフラの海外展開を推進していくこと重要とされている（経済産業省［2013］）。

　海外でのインフラ・ビジネスにおいて，日本企業が幅広くインフラを手掛けるインフラシステム輸出の実施を推進している（経済産業省［2013］）。インフ

図表4-7◆アジアにおける交通インフラ投資の事例

部門	国・地域	名称
鉄道	インド	デリー高速輸送システム建設計画
	台湾	台湾高速鉄道
	フィリピン	マニラ首都圏大量旅客輸送システム拡張事業
	ミャンマー	ヤンゴン・マンダレー鉄道整備事業
	インドネシア	ジャカルタ都市高速鉄道
	タイ	タイ都市鉄道「パープルライン」
	アラブ首長国連邦	ドバイメトロ
道路・橋	ベトナム	ニャッタン橋（日越友好橋）建設
	カンボジア	ネアックルン橋（つばさ橋）梁建設計画
	カンボジア	プノンペン都市交通管制システム整備計画
空港・港湾	ベトナム	ノイバイ国際空港第二旅客ターミナルビル建設計画
	フィリピン	新ボホール空港建設及び持続可能型環境保全事業

出所：外務省ホームページ『「質の高いインフラ投資」事例集』より筆者作成。

ラの機器の輸出だけでなく，インフラの設計，建設，運営，維持管理を含めた「インフラシステム」を受注し，輸出していくことが重要というわけである。2013年3月には経協インフラ戦略会議を立ち上げ，インフラ輸出や経済協力などの方針を協議することになった。

　日本政府はトップセールスとして，歴代首相を含む歴代首相を含む政府閣僚，与党幹部がアジアを中心に相手国政府の要人と会談を重ねてきた。また，金融面での支援として，公的金融機関である国際協力銀行，日本貿易保険，国際協力機構について，日本企業の輸出や投資を幅広く支援できる制度を拡充した。そして，相手国のインフラ関連の情報を仕入れ，日本企業の案件受注を現地で支援するために，インフラ専門官を世界各国の日本大使館に設置した（加賀［2013］）。

　外務省はこれまでの海外でのインフラ投資の事例を紹介している。アジアにおける交通インフラの事例は**図表4-7**のとおりである。交通インフラの中では鉄道部門の事業が多く，都市内の地下鉄（メトロ）から高速鉄道まで幅広い。これは日本の鉄道インフラの質の高いことが関係しているだろう。

4.1.2　日本の課題

　日本がアジアでのインフラ・ビジネスを実施するうえで，以下の4つの課題が指摘されている（加賀［2013］）。

　1つ目は他国企業との競合に備えることである。インフラに対するニーズが旺盛なアジアに対し，日本以外の国々もインフラ・ビジネスに積極的に参入し，多国間でのインフラ受注合戦になっている。特に，中国企業や韓国企業との競合では，機動性や価格の面で日本企業が不利になっている。日本企業の場合，質の高さを重視することで高コストになり，価格競争力がなくなっている。

　価格競争力を高めるためにはスペック・ダウンをすることも必要があるかもしれないが，インフラ・ビジネスの場合，スペック・ダウンが人命にかかわる可能性があるため容易ではない。相手国がどの程度のスペックのインフラを望んでいるのかを把握したうえで，慎重に進めていく必要がある。

　2つ目は事業展開のノウハウを獲得することである。日本企業は海外でのインフラ・ビジネスにおいて十分経験を蓄積しているとは言えない。海外でのインフラ・ビジネスの分野で経験豊富な海外企業と提携し，そこで学んだ経験を活かして，日本企業がインフラ案件を組成できるようになることが重要である。

　3つ目は資金調達の問題である。前述したようにインフラ・ビジネスを実施する場合，巨額の資金が必要になる。その資金をどこからどのように調達するかを考えなければならない。アジアのインフラ・ビジネスに融資している銀行を挙げると，日本のメガバンクや国際協力銀行などの日本政府による政策金融機関，ADB（Asian Development Bank：アジア開発銀行）などの国際開発金融機関，そしてアジアの現地国の金融機関などがある。

　4つ目は意思決定の迅速化である。インフラへのニーズが旺盛なアジアでの開発のスピードについていくためには，素早く意思決定できる体制を整える必要がある。

4.2　効果的な交通インフラ整備に向けて

　人口成長と経済成長が続くアジアにおいて，交通インフラを整備することは

さらに経済成長と国民の生活水準の向上をもたらすだろう。そのためにも，交通インフラの整備は重要な課題の1つである。

真に必要な交通インフラの整備するためには，関係する国々との間での意思疎通や協力が必要になってくるだろう。例えば，整備が必要な相手国がどのようなニーズを持っているか，相手国との情報共有を通じて把握しておく必要がある。また，アジアではインフラに対するニーズが旺盛で，事業規模が大きいことから，しばしば多くの国々との間で事業案件の取り合いが生じている。それぞれの国の強みを活かした形での提携や協力も必要になってくるだろう。

そして，交通インフラの整備に関する規制や手続きを可能な限り世界標準に合致するように簡素化し，調和のとれたものにする必要がある（アジア開発銀行・アジア開発銀行研究所［2010］）。法律や制度，規制が大きく異なる場合，インフラ整備が進まない可能性がある。これらはできるだけ調和のとれたものにし，スムーズに交通インフラの整備が行えるようにする必要があるだろう。

〔引用・参考文献〕

アジア開発銀行・アジア開発銀行研究所［2010］『シームレス・アジアに向けたインフラストラクチャー』一灯社．

加賀隆一［2013］『実践　アジアのインフラ・ビジネス：最前線の現場から見た制度・市場・企業とファイナンス』日本評論社．

外務省「「質の高いインフラ投資」事例集」http://www.mofa.go.jp/mofaj/gaiko/oda/doukou/index.html（2018年3月28日現在）．

経済産業省［2013］「通商白書2013」, http://www.meti.go.jp/report/whitepaper/index_tuhaku.html（2018年3月6日現在）

The World Bank, "World Bank Open Data", https://data.worldbank.org（2018年3月20日現在）

United Nations, "World Population Prospects: The 2017 Revision, https://esa.un.org/unpd/wpp/（2018年3月20日現在）

United Nations, "National Accounts Main Aggregates Database", https://unstats.un.org/unsd/snaama/Introduction.asp（2018年3月20日現在）

World Economic Forum［2017］"The Global Competitiveness Report 2017-2018", https://www.weforum.org/reports/the-global-competitiveness-report-2017-2018,（2018年3月20日現在）．

第5章

アジアにおける鉄鋼メーカーの競争と協調：技術移転を中心に

1．鉄は国家なり

「鉄は国家なり」。これは，国家経済発展のために，鉄鋼産業がいかに重要なのかを端的に見せることばである。現在の製鉄技術は，アジアではなく，欧米で開発・商業化されたものがほとんどである。しかし，アジアは，世界鉄鋼生産の半分以上を占める重要な生産拠点である。そして世界トップ10の鉄鋼メーカーのうち，9社がアジア勢になっており，アジアは鉄鋼メーカー間の競争が最も激しい地域でもある。一方，技術協力を通じた鉄鋼メーカー間の協調（協力）も活発に行われている。

世界鉄鋼協会によると，2017年の粗鋼生産量は約16.9億トンで，その約半分を中国が生産している。

図表5-1は，年間粗鋼生産量を基準に，世界トップ10社を示している。ヨーロッパを拠点とするアルセロール・ミッタル社を頂点に，中国宝武集団が第2位に，同じく中国の河北鋼鉄集団が第4位にランクインしている。日本の新日鉄住金（Nippon Steel and Sumitomo Metal Corporation）は第3位に，韓国のPOSCO（Pohang Iron and Steel Company）は第5位にランクインしている。第3位から第5位までの生産量に比べ，首位のアルセロール・ミッタルの生産量はほぼ2倍に至っており，そのギャップが非常に大きいことが見て取れる。

第10位までに中国の鉄鋼メーカーは5社も入っており，その成長は今も続い

図表5-1◆世界鉄鋼メーカーの生産量（2017年）

単位：百万トン

順位	企業名	生産量
1	ArcelorMittal	97.03
2	China Baowu Group	65.39
3	NSSMC Group	47.36
4	HBIS Group	45.56
5	POSCO	42.19
6	Shagang Group	38.35
7	Ansteel Group	35.76
8	JFE Steel Corporation	30.15
9	Shougang Group	27.63
10	Tata Steel Group	25.11

出所：世界鉄鋼協会の公表資料に基づいて筆者作成。

ている。さらに，日本，韓国，インドまで含めると，第10位の中に，トップのアルセロール・ミッタル以外は，すべてアジア勢になっていることが分かる。裏返してみると，アジアが他地域より鉄の需要が大きいことを意味している。中でも，中国の建設ブームと自動車生産の増加などがその背景にある。

　ここまで見ると，鉄というものは世の中に溢れており，誰もが簡単につくれると思うかもしれない。しかし，本章で主張したいのは，その逆のことである。技術歴史の非常に長い鉄鋼産業では，エレクトロニクス産業などに比べ，イノベーションの頻度が少ないように見えるが，長いスパンで見れば革新的な技術が登場し，大きな影響を与えた。ところが，新興国のメーカーが登場し，いきなり世界トップになることは全無に近い。つまり，老舗が常に上位に位置することが特徴でもある。

　本章で鉄鋼産業に注目する理由は，鉄鋼産業の歴史そのものが技術移転と導入の歴史であり，国境を越えた技術協力も多いからである。特にアジアでは，製鉄技術協力が活発に行われ，日本から技術協力をもらった企業が，他のアジア企業に技術移転する例も増えている。ここでは，日本から韓国への技術移転の事例，韓国からインドネシアへの技術移転の事例，そして最後に，韓国メー

カーの日本進出の事例を紹介することで，アジア企業間の競争と協調を考える。その前に，まず，鉄という製品がどのような工程を経て生産されるか，そのプロセスについて概観する。

2．製鉄プロセス

　鉄鋼製品を生産する工場を製鉄所（steel work）と呼ぶ。「鉄は国家なり」「鉄は産業の米」など，製鉄所が，その国力に大きな貢献をすることは広く知られてある。同時にこれは，製鉄所を持つことが容易ではないことも意味する。自動車工場，半導体工場など，人類がつくってきた工場の中で，最も巨大な工場が製鉄所である。

　例えば，千葉県君津市にある新日鉄住金の君津製鉄所の総面積は1,172万平方メートルで，東京ドームの約220個分に相当する。また，世界最大級の製鉄所である韓国ポスコの光陽製鉄所の総面積は，約2,139万平方メートルであり，なんと東京ドームの約401個分の巨大な敷地に建てられている。

　これぐらいの規模になると，民間の資金で製鉄所を建設することは極めて難しい。ほとんどの製鉄所は，国の資金あるいは借金（他国などからの借款も含む）から建設される。鉄鋼メーカーが国営企業としてスタートするのが一般的であり，日本だけではなく，米国，中国，韓国，インドネシアなども，建設時期は異なるものの，同様の創業をみせている。しかしながら，資金以上に重要なのは，製鉄所という巨大な施設を運営するノウハウである。数多くの設備の設置と建設，それらをつなぐインタフェース，そして全体をモニタリングする技術など，製鉄所の運営に関連するノウハウには様々な種類があるが，まず，ここでは，鉄鋼製品が生まれるまでのプロセス（製鉄プロセス）について，簡単に紹介する。

図表 5-2 ◆製鉄プロセス

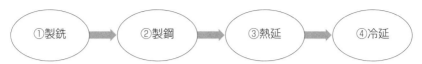

　製鉄プロセスを大雑把に分けると，①製銑，②製鋼，③熱延，④冷延，4つの工程で理解できる（**図表 5-2**）。製鉄所のシンボルというと，なんといっても高さ100メートルを超える溶鉱炉（高炉，blast furnace）と呼ばれる大型設備である。高炉では，原料の鉄鉱石を約1500度の高温で溶かして，液体状態の銑鉄（pig iron）をつくる。この工程を①製銑工程と呼ぶ。しかし，銑鉄はもろいため，そのままでは製品として使えない。銑鉄には不純物が多く含まれているからである。したがって，必然的に不純物を取り除く工程が必要となり，それが②製鋼工程である。この工程では，高炉とは違う'炉'を使って，銑鉄をよりキレイにする。転炉と呼ばれる炉では，銑鉄の中に酸素を吹き込んで，不純物を取り除き，最終的に鋼（steel）を生産する。つまり，英語表記からみても，製造工程からみても，アイアンとスチールは同じものでない。転炉で不純物処理が終わった液体状態の鋼は，製鋼工程の最後に位置する連続鋳造設備でようやく固体となり，鉄鋼産業の典型的な中間製品であるスラブ，ブルーム，ビレットが生産される。これらの中間製品の形は，最終的につくられる製品による。その中間製品は，次に圧延工程に移動する。圧延には，高温の状態で中間製品を薄く延ばす③熱延工程と，常温の状態でさらに薄く延ばす④冷延工程がある。これらの4つの工程を経て，鉄鉱石は表面の滑らかな自動車用鋼板などに変身していく。ここでは4つの工程で簡単に分類しているが，より詳細な工程説明は，専門書に譲る（例えば，新日鉄住金編［2004］）。

　高炉，転炉，圧延の工程が揃っている製鉄所を'一貫製鉄所（integrated steel work）'と呼ぶ。銑鉄から最終製品まで，一貫して生産するからである。一方，高炉がない製鉄所もあり，製鋼所という名称で呼ばれることが多い。高炉と比較すると小規模の'電気炉（electric arc furnace）'を利用して鋼をつく

るところである。高炉と比べて少ない投資で建設と操業ができることは大きなメリットでもあるが，名前通り，電力をエネルギー源として使うため，電気料金に影響されやすいことと，鉄鉱石ではなく，鉄くず（スクラップ）を原料として使うことから，不純物が多く含まれることがネックになっている（Byun [2018]）。

　多くの鉄鋼メーカーでは，工程がそのまま工場になっている。例えば，高炉は高炉工場，製鋼は製鋼工場，熱延は熱延工場，冷延は冷延工場と呼ばれる。単位工場の規模が大きいため，大人数の組織が必要となるのは言うまでもない。設備の建設に長い時間が必要となるのも，鉄鋼産業の特徴の1つである。規模にもよるが，高炉の建設には3年以上かかるのが一般的である。

　製鉄所の各工程には，その工程の稼働と操業に必要な専門知識がある。例えば，高炉という巨大な設備をうまく稼働するには深い専門知識が不可欠である。そして，その周辺に必要な複数の設備を稼働させるための知識も欠かさない。また，稼働と操業に関する知識に加えて，設備の故障を防ぐためのメンテナンスにも相当な経験が求められる。そして，最も難度の高い技術は，複数の巨大設備をつなげて，最終的にターゲットとする製品を生産することである。そのためには，ある特定の工程に詳しい能力だけでは不十分で，全工程を見渡す能力，そして何かのトラブルが発生した際に，その原因を素早く把握し，複数の工程間の調整を行う能力が重要となる（辺［2018］）。このような知識とノウハウは，長い経験から蓄積される。鉄鋼産業に初めて進出する企業には，資金力の問題に加えて，操業経験の乏しさの問題もある。両方とも，外部からの支援に依存せざるをえない。以下では，アジアでの鉄鋼技術協力について説明する。

3．日本から韓国への鉄鋼技術協力

　　　　　JG（ジャパン・グループ）はこの建設や操業の過程で技術や知識を提供するのが仕事だったわけですが，JGも韓国側の意気に触発されて潜在している力を存分に引き出すことができました。（中略）こ

うして技術移転は率直にこだわりなく完全な形で実施され，両国の技術者には大製鐵所を完成させたという良い思い出だけが残りました。私は韓国の外にも多くの国で技術協力の仕事をしてきました。この中には同じ新日鐵の技術を提供してもうまく行かなかった例はかなりの数あります。— 有賀俊彦（『浦項製鐵の建設回顧録：韓国への技術協力の記録（1996）』）

1970年代，日本から韓国への鉄鋼技術移転は，装置産業における国際技術移転の代表例でもある。1968年に誕生した韓国の国営鉄鋼メーカー浦項総合製鉄株式会社（現，POSCO，以下「ポスコ」）は，複数の日本の鉄鋼メーカーと設備メーカーから技術と設備を導入した。韓国としては，前例のない大規模な投資が必要なプロジェクトだった。当時，ポスコの製銑部長に任命された人も，実際の高炉を見たことがないぐらいだった。ポスコは，日本の設備を購入して，ジャパングループ（富士製鉄と八幡製鉄（後ほど，新日鉄に経営統合），日本鋼管）から製鉄技術を導入した。

ジャパングループは，ポスコと技術援助契約などを結び，総合エンジニアリングや操業指導を担当した。また，製鉄所の設備を供給する機械メーカーも，プラント輸出の形で技術移転を行ったのである。ジャパングループの団長を務めた新日鉄の有賀氏は，ポスコへの技術協力の回顧録で，成功談を述べている。

現在のポスコの第一号の製鉄所である浦項（ポハン）製鉄所は，韓国初の一貫製鉄所である。当時，日本を除いて，アジアで一貫製鉄所を持っていた国は全無に近かった。したがって，技術移転の範囲は，製鉄所全体の基本計画から個別プラントの設計，建設，操業の一部に及び，日本の製鉄所技術を丸ごと移植することになっていた。しかも，技術だけではなく，経営管理方式までそのまま移転された。例えば，日本語の「独身寮」「稟議を回す」「依願免職」など，日本語の事務用語がそのまま使われていた。現場の用語は言うまでもない。例えば，「仕上圧延」をそのままハングル読みしていた。当時の日本のエンジニアたちは，契約上のこと以上のことを指導していた。熱心な教え子には，先生

も熱心になると言われるが，まさに当時の技術移転の現場はそのような熱い技術移転の現場でもあった。有賀団長は，以下のように回顧している。

> 技術訓練の効果を上げるために，運転席に，日本側の社員とポスコの社員（研修生）が1対1で座り，運転のコツと技法をその場で観察し学ばせる同時に，適切なタイミングを見て研修生が自らハンドルを操作することで，実践的な研修になるようにした。（前掲書）

韓国側からは，操業技術の取得のために，多くのエンジニアなどが日本を訪れた。1969年（20名）と1970年（25名）の日本研修は，水島製鉄所の建設工事現場の短期見学がほとんどだったが，1970年には82名，1971年には167名，1972年には271名へと，研修のために派遣された人数は急激に増えることになった。また，コンサルタント契約で，韓国に派遣された日本の技術者も約400名に至っていた。ジャパングループは，分野ごとに韓国への派遣人員を決めていた。例えば，高炉技術者のほとんどは，新日鉄の釜石製鉄所から派遣された。釜石製鉄所の記録によれば，1973年から1974年まで，ポスコに派遣された釜石の高炉技術者は，25名に至る。このような大規模な人的交流と，それを通じた技術移転は，いまだに世界史で見ることのないことでもある。韓国の経済発展において，日本の技術協力第1号は，製鉄技術協力であった。

しかしながら，韓国への鉄鋼技術協力は，日本の鉄鋼メーカーにとって，将来の脅威となった。韓国の鉄鋼企業の急激な成長が，いずれ輸出で日本のライバルになるかもしれないとの見方である。これに関して現地調査に乗り出した三菱総合研究所は，2つの結論を出す。まず，韓国はソウル五輪を控えており，内需に集中しているため，しばらく，日本と競争することはないことであった。もう1つは，ポスコの製造能力というのが，日本メーカーの能力とは異なるので競合する可能性は低いということである。この調査報告書は，一部の日本の鉄鋼メーカーから強い反発を呼び，当初予定していた公表時期より約6カ月遅れで世の中に紹介される（三菱総合研究所，1981）。**図表5-3**は，ポスコの浦項製鉄所の設備の内訳を見せている。

第5章　アジアにおける鉄鋼メーカーの競争と協調：技術移転を中心に

図表5-3◆主要設備の調達（浦項製鉄所）

工期	高炉	コークス工場	製鋼	連続鋳造	熱延	冷延
浦項1期 (1970〜73)	IHI（日本）	日本オットー・川崎重工（日本）	川崎重工（日本）	―	三菱（日本）	―
浦項2期 (1973〜76)	IHI（日本）	Otto（ドイツ）	川崎重工（日本）	Voest（オーストリア）	三菱（日本）	Voest（オーストリア）
浦項3期 (1976〜78)	IHI（日本）	Otto（ドイツ）	川崎重工（日本）	―	三菱（日本）	三菱電機（日本）
浦項4期 (1979〜83)	IHI（日本）	Otto（ドイツ）	川崎重工（日本）	Voest（オーストリア）	三菱（日本）	Voest（オーストリア）

出所：POSCO35年史編纂委員会『POSCO35年史』（2004）に基づいて筆者作成。

　図表5-3が示しているとおり，韓国初の一貫製鉄所であるポスコの浦項製鉄所の第1期設備は，すべて日本製になっている。連続鋳造設備，冷延設備はなかったが，類似の設備を利用して操業経験を蓄積してきたジャパングループの鉄鋼メーカーから，操業指導を受けながら，本格生産に入り，当時としては前例のないスピードで海外輸出まで成功させた。しかしながら，第2期からはドイツ，オーストリアの設備が導入されることになり，操業指導をする側としても操業上の品質保証が難しくなってきた。ポスコは，将来，日本への技術依存度を減らす同時に，ヨーロッパなどから最新機器を導入することで，独自の技術能力を作ろうとした意図があったように見える。そのために，ポスコは，ジャパングループなどとの契約の際に，内容別に分割して発注した。つまり，契約の仕事をなるべく簡略化する指向よりは，総合エンジニアリング計画の契約，個別プラントごとのプラント輸出契約，操業指導契約，ソフトウェア輸出契約など，多くの契約の束になっていた。

　日本から韓国への鉄鋼技術協力，それは日本と韓国が，1965年，国交を回復した後，初めての経済協力であった。また，日本から海外への技術協力の中でも，最も成功例として知られている。

4．韓国からインドネシアへの鉄鋼技術移転

　ここでは，韓国の鉄鋼メーカーポスコが，インドネシアの国営鉄鋼メーカー，クラカタウ・スチールへ行った鉄鋼技術協力を紹介する。先述したとおり，韓国のポスコは，韓国初の一貫製鉄所のメーカーとして1968年代にスタートした。そのポスコが2018年に創業50周年に迎えたが，中でも注目されるのが，インドネシアへの技術協力である。技術を導入する立場だった企業が，今度は技術を他国の企業に移転する立場になったことである。

　インドネシア国営鉄鋼メーカーのクラカタウ・スチールは1970年に創業した鉄鋼メーカーであるが，高炉はなく，電気炉で操業していた。電気炉での操業には，電気料金の影響はもちろん，品質の限界が存在するため，鉄鋼製品の中でも最も高い品質が求められる自動車用鋼板には向いていなかった。そこで，ポスコが70％，クラカタウ・スチールが30％を出資して立ち上げた合弁企業クラカタウ・ポスコは，インドネシア初の一貫製鉄所を目指したのである。

　インドネシアの首都ジャカルタから西に約100キロメートル離れている港の都市，チレゴンに位置するクラカタウ・ポスコは，高炉と転炉を持つ，東南アジア初の一貫製鉄所でもある。同社は，2013年12月29日に，高炉からの出銑に成功した。ポスコとクラカタウ・スチールが鉄鋼技術協力に同意した2009年から4年後のことである。年間生産能力は，300万トン規模で，日本と韓国の大型高炉に比べると決して大きくはないが，高炉操業の経験が全くない場合，そのオペレーションは決して容易ではない。

　クラカタウ・ポスコが生産する製品は，厚板である。高炉，転炉，連続鋳造から厚板が生産される。まだ熱延，冷延工程はなく，生産可能な製品には限りがあるが，今後の導入を計画している。また，高炉の追加建設も念頭に入れて，製鉄所の敷地も用意している。インドネシアという巨大な市場を狙う目的でもある。現段階では，内需市場向けの厚板を生産することと，隣接するクラカタウ・スチール社の電気炉に中間製品であるスラブを供給することを，主な仕事

としている。年産300万トンは，インドネシア市場の今後の成長可能性，さらに東南アジアの他国と地域への輸出可能性まで考えると，まだ十分とは言えない。

クラカタウ・ポスコのマンパワーのほとんどはインドネシア人であり，ポスコの人は少ない。例えば，高炉工場には約150人が所属しているが，そのうち，15名がポスコからきているぐらいである。焼結工場も約70人のうち，ポスコからは2人しか来ていない。稼働初期の段階では，多くのポスコのエンジニアなどが駐在していたが，安定化とともに，派遣人員も減ることになった。

ポスコからの駐在員の中には，ポスコの現役幹部だけではなく，現場のベテランも含まれている。現場のベテランは，ポスコ本体では定年退職しているが，コンサルタントという肩書きで，インドネシアに駐在しながらインドネシアの若いエンジニアに操業指導などを行ってきた。その際，専門用語はすべて英語でコミュニケーションしている。

ポスコからのエンジニアの中には，海外研修プログラムである'地域専門家'制度を使って，インドネシア語と文化を学び，4～5年間駐在している人も多い。特に，工場長クラスは40代初めぐらいの年齢で，ポスコ本体と比べれば若い。異文化への理解も早く，現地の人とのコミュニケーションができるほどの語学の学習能力を持つ彼らが，工場のリーダーになることで，活気溢れる若い製鉄所をつくっている。

現地採用されたインドネシアの大卒エンジニアは，インドネシアの名門工科大学の出身も多く，技術を学ぶ能力も非常に高い。中には，韓国語を上手に話す人も少なくない。

クラカタウ・ポスコの社員のほとんどは，新規採用であるが，クラカタウ・スチールから転職した人も少なくない。同じ工業団地にクラカタウ・スチールが位置しており，車で10分もかからない距離だが，そこでも，高炉を建設している。ただし，その建設の主役は，ポスコではなく，中国メーカーである。高炉のプラント輸出している中国メーカーからの導入は，日本，韓国，ヨーロッパのメーカーに比べるとコストが安い。品質の肝となる転炉と連続鋳造設備に

関しては，オーストリアとドイツから設備を導入して高炉が稼働に入ることを待っている。同社は，2018年5月に，高炉を稼働すると言っているが，業界からは準備状態を考えれば難しいとみる厳しい見方も多い。高炉という巨大設備を3年以上建設して，稼働させることが，いかに未経験の企業にとって難しいことなのかは，これまでの製鉄歴史からも明らかになっている。さらに，工場と工場をつなげ，操業することには，ノウハウと経験が欠かさない。高炉にかかる建設コストなども中国からの借り入れになっている。このように，様々な課題を持つクラカタウ・スチールが，クラカタウ・ポスコという合弁企業を始めた背景には，やはり，ポスコから技術を早く学びたいとの目的がある。まだ公式的なことではないが，クラカタウ・スチールは，自社の高炉稼働もポスコ側に依頼している。ポスコとしても，それをある程度予測していたが，合弁企業のパートナーである以上，断ることは難しい。いずれにしても，ポスコとクラカタウ・スチール，韓国とインドネシアの鉄で結ばれた縁は，今後，さらに強くなることに間違いない。

5．韓国鉄鋼メーカーの日本市場への進出

　鉄鋼製品は，'重量物'である。トイレットペーパーの形をしているコイル1つの重量が，数トンから20トンに及ぶ。陸送のために大型トレーラーに乗せているコイルを目にしたことのある人は，スカスカの状態ではないかと思うかもしれないが，実は，それで積載可能な重量が一杯になっている。この重い製品が，海を渡って日本で流通されていることを，非常に不思議なことに受け入れるかもしれない。

　一般消費者は，鉄鋼製品（例：コイル）を直接購入する機会もないし，最終製品に鉄の素材が使われていることが分かったとしても，日本製か，韓国製か中国製か判別することはできない。日本国内では，韓国製のコイルが日本の自動車メーカー，家電メーカーなどに販売されている。2017年の時点で，日本国内の自動車用鋼板などの需要は約6500万トンに至っているが，その約5％に相

当する年間300万トンを韓国鉄鋼メーカーポスコが日本で販売している。もちろん，その製品は，すべて韓国の製鉄所で生産されたものである。

韓国だけではなく，中国からも約40万トンの製品が日本に輸入されている。このように重量物の鉄鋼製品が国境を越えて流通されている。つまり，産業内の微細な貿易が活発に行われている。

では，日本の企業が韓国の鉄鋼製品を購入する理由は何か。まず，鉄鋼製品を大量に使用する企業としては，他の鉄鋼メーカーとの価格交渉の際に，外国メーカーを一緒に考慮することからくるメリットがある。2点目に，日本の鉄鋼製品と同等の品質の製品を比較的に有利な価格で購入できることである。3点目に，鉄鋼メーカーのエンジニアが近いところで常駐していて，品質問題にすぐ対応できることや，いわゆる緊急材（急に在庫補充が必要な在庫）への対応もできるからである。一般的に日本では，鉄鋼メーカーと自動車メーカーの間に商社が介在しながら，鋼材を供給するが，韓国メーカーは直接，鉄鋼メーカーが顧客企業に供給することが多いため，より迅速な対応ができるメリットがある。ポスコは，韓国の製鉄所で生産した製品を4,000～5,000トン規模の船でほぼ毎日，日本に運んでいる。日本全国にある6つの自社工場に，2～3日という短期間で輸送ができる同時に，自動車メーカーなど顧客企業の工場に隣接している施設で加工する。ポスコは，トヨタ自動車の優秀サプライヤー企業の組織である'協豊会'の唯一の外国企業でもある。

ポスコは，2006年，豊橋工場を皮切りに日本市場に進出して，6つの工場を構えている。同社が日本でのビジネスを始めたきっかけは日産自動車への供給であった。日本国内ではなく，海外での協力関係がきっかけになったのである。その後，トヨタ自動車とも東南アジアで協力することになり，今度は，日本国内のビジネスに広がる展開となった。現在では，トヨタ自動車，日産自動車，ホンダなど，大手自動車メーカーだけではなく，自動車部品メーカーなど，200社以上と取引している。

6．製鉄技術で結ばれたアジアの深い絆

　本章では，アジアにおける鉄鋼メーカー間の競争と協調について考察した。具体的には，欧米からいち早く技術を導入した日本による韓国への製鉄技術協力，そして韓国からインドネシアへの技術移転，そして韓国鉄鋼メーカーの日本ビジネスを紹介した。

　鉄鋼産業におけるアジアの存在感は大きくなりつつある。同時に，アジアで，鉄鋼メーカー間の競争は激しさを増していくだろう。そして，直近，アメリカによる鉄鋼製品に対する課税の動きは，貿易秩序に緊張感をもたらしている。しかしながら，アジアでは，他のどの地域よりも，技術協力が活発に行われてきた。そして，今でも，その動きは止まらない。日本から韓国へ，韓国からインドネシアへと，技術協力のリレーが続いている。

　技術移転は，単純に技術だけが国境を越えて移動することではない。最も重要なノウハウと知識は，人間に体化されており，その人が相手に教えることこそが，技術協力の本質に他ならない。つまり，人と人のつながりがあってこそ，協力も円満に行われる。本章で紹介したアジアでの鉄鋼技術協力は，大人数が必要な国家プロジェクトである点で，アジア諸国の深いつながりを感じさせる。

〔引用・参考文献〕
新日鉄住金編［2004］『鉄と鉄鋼がわかる本』日本実業出版社。
辺成祐［2018］「鉄鋼産業における工程間調整能力に関する考察」商経学叢第64巻第3号，391-405頁，近畿大学経営学部。
POSCO35年史編纂委員会［2004］『POSCO35年史』POSCO。
三菱総合研究所［1981］「1980年代における日韓国際分業の動向に関するケーススタディー――鉄鋼・石油化学・繊維の3業種を中心として」総合研究開発機構助成研究，NRF-79-3。
ヨボセヨ会編［1996］『浦項製鐵の建設回顧録：韓国への技術協力の記録』3元堂。
Byun, S.［2018］"A Bandwagon with Few Passengers: Minimill and FINEX in Steel Industry" *Annals of Business Administrative Science*. 17（2），pp.83-93.

第6章

アジア投資とインフラ整備

1．アジア投資

　アジア投資に対する関心が高まっている。U.S.News and World Report［2017］による世界の投資魅力度に関する国別ランキングでは，上位10カ国のうちアジア諸国が6カ国もランクインしている。なぜこれほどまでにアジア圏に対する投資が注目されているのだろうか。本書ではこの点に関して第1章から第3章において詳細に検討を行っている。

　まず第1章では，企業の海外直接投資（FDI）に着目し，企業の本来目的である「企業価値の最大化」の手段としてFDIが実施されていることを説明している。この企業価値そのものは①キャッシュフロー，②資本コスト，③成長率，の3つから構成されるとし，本来①キャッシュフローを増やし，②資本コストを低くし，③成長率を高めることによって企業価値が高まるとされるが，成熟した経済における競争的な経営環境では，ハイリスク事業への投資とならざるを得ず，結果として企業経営者は高資本コストのトレードオフに直面すると説明する。したがって，企業はその企業価値の最大化のためにも海外へと事業活動の範囲を拡大し，FDIが増加していくことになるのである。

　第1章ではさらに，FDIの現状と傾向として世界のFDIの動きを紹介している。結論として，資本は国外からの流入よりも流出が多いとされ，その資本は先進国から発展途上国に向かう傾向があることが明らかにされている。特に，

アジア地域への資本流入量が際立って大きいとされ，中国を中心とした東アジアと東南アジア（ASEAN）地域への投資が盛んに行われていることが示されている。

　第2章ではアジア投資に関して「資金ギャップ」という視点から考察を行った。次節でも述べるように，アジア経済の成長においてインフラ整備は必要不可欠であり，そのための投資（資金）の確保は開発途上国にとって重要な問題となっている。第2章では，まずインフラを交通・運輸，電力，水道・下水道および通信などの経済（ハード）インフラ，そして教育，保健などの社会（ソフト）インフラ，に分類しその両方を含む概念としてインフラを定義している。そこで，アジア開発銀行（ADB）などの国際機関が推奨している望ましいインフラに対する投資額と，実際のインフラ投資額との差異を「資金ギャップ」として分析を行っている。

　具体的に，ADBでは2016年から2020年の5年間でアジア25カ国の開発途上国において経済インフラに関して1兆3,400億ドルの投資が必要との試算を行ったのに対し，実際は8,810億ドルであり4,590億ドルの不足（資金ギャップ）が生じていることを明らかにしている。他方，社会インフラに関しては国連教育科学文化機関（UNESCO）および世界保健機関（WHO）の推奨する投資水準（それぞれGDPの6％および5％）を参考に資金ギャップを試算したところ，アジア全体で4,480億ドルの資金ギャップが発生していることを明らかにしている。このうちの大部分（3,760億ドル）が教育部門によるものであった。

　第2章ではさらに，この資金ギャップの発生する要因およびその解決策を詳細に検討している。まず，経済インフラに対して投資資金を供給している主体が公的部門であり，アジア全体で92％に達することを明らかにしている。これは，民間部門のインフラ投資への資金供給が極めて限定的であることを示すものである。近年，アジアの開発途上国は経済発展と共に巨額の貯蓄と外貨準備高を有していると言われており，この民間部門の資金をインフラ投資へ誘導することが資金ギャップの抜本的解決の鍵になるとされている。そして，資金ギャップを埋める対処策として，①制度制約を軽減するための革新的方策，②

銀行が融資可能な事業の準備，③リスクの軽減，の3つが紹介されている。

第3章では，個別企業のアジア地域における投資（ビジネス）の案件として，BOPビジネスに着目し，詳細な検討を行った。BOPとはその定義には諸説あるが，基本的に低所得消費層であり，その多くが開発途上国の貧困層である。世界全体ではおよそ40億人が対象になると考えられており，購買力基準では約2.3〜5兆ドル規模の巨大市場を形成しているとされている。このうち，アジア地域で72％を占めており，すなわちアジアのBOP市場は企業の投資対象としても非常に魅力的な市場なのである。

第3章ではさらに，BOP市場へ進出する企業の戦略的行動に着目し，経済的な便益を追求する戦略（経済的戦略）と，環境の改善や社会福利問題などの社会的問題の解決に貢献するという，社会的な便益を追求する戦略（社会的戦略）に分類し，具体的なケーススタディとしてメタウォーター株式会社のBOPビジネスを対象に検討を行った。結論として，メタウォーター社は将来の市場拡大を視野に入れ，政府プロジェクトに参画することを優先し，いわゆる社会的戦略を志向したと説明されている。しかし，本来営利企業であるメタウォーター社にとって，社会的便益の追求だけでなく経済的便益の獲得も目指さなければならず，今後の社会的戦略から経済的戦略への転換がBOP市場での成長の鍵となると考えられている。

2．インフラ整備

一国の経済発展において，インフラストラクチャー（インフラ）の整備は必要不可欠である。第2章でも指摘されたように，インフラには経済（ハード）のインフラと社会（ソフト）のインフラがあり，いずれも国民の生活および企業活動にとって必需であることは間違いない。本書では，これらのうち経済インフラとしての交通インフラ整備について第4章で，同じく経済インフラであり一国の産業基盤として位置づけられる鉄鋼産業について第5章で詳細に検討を行っている。

まず，第4章ではアジアの交通インフラの状況について，経済状況と比較しつつ検討が行われている。アジアの人口成長率は，タイを除く東南アジア，南アジア，中央アジア，西アジアにおいて高く，都市の人口成長率を見ると，日本と韓国以外のすべての国の都市部において急激な人口成長が予想されている。これらはすなわち，アジア各国において都市部における交通インフラ整備の必要性を示すものであり，単に経済の成長のみならず環境問題の解決のためにも公共交通と呼ばれる交通インフラの整備が求められている。

　一方，経済状況を見てみると，アジアの多くの国々で実質GDPの年平均成長率が4％を超えており，高い経済成長が続いている。しかし，経済的豊かさの指標としての1人当たり実質GDPを見ると，シンガポールや日本，韓国といった先進国では高いものの，経済成長率が高い中国やインド，比較的高いとされるインドネシア，フィリピン，ベトナムでもその水準は低いままである。しかし，将来に関していえばそれぞれの国で成長が見込まれており，国民が経済的に豊かになれば持続可能な交通インフラの整備が可能になるであろう。

　これらの経済状況に対して，現在の交通インフラの整備は非常に不足していることが指摘されている。交通インフラの質の指標として，道路，鉄道，港湾，空港が取り上げられているが，特に南アジア，中央アジア，ベトナム，フィリピンにおいて交通インフラの質が世界平均に比べて劣っており，インフラのニーズは高いものの，その整備が一向に進んでいないことが明らかにされている。

　第5章では，国の基盤産業であり，ある意味インフラのインフラとも言える鉄鋼産業について検討が行われている。「鉄は国家なり」という言葉が引用されているように，建設，自動車，鉄道など，あらゆる産業において鉄鋼が必要とされている。日本では1901年に操業を開始した官営の八幡製鉄所が有名であるが，国の発展段階においては民間に資本や人材，技術力が不足していれば，国が出資して産業基盤を確立すべきとされるのが鉄鋼産業である。

　世界の年間粗鋼生産量のランキングが紹介されているが，上位10社の中に第1位のアルセロール・ミッタル社を除くすべての企業がアジア企業であること

が明らかにされている。特に中国企業は5社がランクインしており，中国における建設ブームと自動車生産が鉄の需要の背景にあるとされている。

　第5章では，単に鉄鋼の生産量に注目するだけでなく，技術協力，技術移転についてアジア企業間における競争と協調という側面から検討が行われている。まず，1970年代の日本から韓国への技術移転，その後の韓国からインドネシアへの技術移転，そして韓国企業と日本企業の競争状態について，歴史的経緯と共に詳細に記述されている。そこでは，国から国へ技術が受け継がれていき，結果として全体の技術力の向上につながり，アジア地域全体の経済活性化にもつながることが示唆されている。

　以上，第1節においてアジア投資について，第2節においてインフラ整備について，第Ⅰ部で議論された内容を整理した。いずれの視点も重要であり，もちろんこれら以外にもアジアの経済発展，あるいはアジア共同体形成に資する研究が多く存在することは間違いない。本研究プロジェクトでは，さらに将来的により多くの研究者と交流を深めながら，それぞれの研究を深化させるとともに研究の範囲をより拡大していかなければならないと考えている。以下では，その残されたテーマの1つとして「水問題」を取り上げてみたい。

3．日本における「水問題」

　厚生労働省の厚生科学審議会生活環境水道部会水道事業の維持・向上に関する専門委員会［2016］によれば，水道は国民生活にとって最重要な社会基盤と言っても過言ではないと指摘されている。熊谷［2016］は「もともと洪水等から安全で水が得られるところに集落が形成され，それが都市化するといったものが，そもそもの都市形成です」と述べている。すなわち，「都市」の発展はすなわち「水道」の発展であり，人は水があるところでなければ生きていけないのである。

　日本で，飲用を目的として建設された最初の水道として「小田原早川上水

（完成1945年）」が知られている。これは，近代水道と呼ばれる「圧力給水による水の供給」ではなく，自由水面を持つ自然流下方式の水道であった。（熊谷［2016］，42頁）自由水面を持つということは，すなわち外気に触れることになり，結果として水系伝染病を引き起こすことがある。歴史的に見てみると，近代水道の誕生以前は水系伝染病によって多数の死者を出してきたことが記録されている（金子［2006］，77頁の図1）。

　日本で近代水道が建設され始めたのは明治に入ってからのことである。最初に建設されたのは横浜であり，明治20（1887）年のことであった。近代水道建設の目的は，主に2つあり，その1つは先にも述べた水系伝染病の防止（公衆衛生の確保）であり，もう1つは防火対策であった。日本は歴史的に木造建築が多く都市部においては特に密集しているため，いったん火事が起こると広範囲に燃え広がるという特徴があった。

　近代水道の建設が開始されても，水系伝染病が完全になくなることはなかった。水を介した病気で一番被害を受けやすいのが赤ちゃんである。事実，近代水道が開始されても一向に乳児死亡率が低下することはなかった。しかし，この乳児死亡率が劇的に低下する出来事が大正10（1921）年に起こっている。いわゆる，水道水の塩素殺菌である。この水道水の塩素殺菌と乳児死亡率の低下，および日本の長寿命化の関係について科学的に解明されているわけではないが，歴史的事実を重ね合わせると見事にその強い関係を確認することができる（竹村幸太郎［2014］，61-77頁）。

　このように，日本における水道の役割は公衆衛生の確保であり，防火対策であった。平成27（2015）年現在において，日本の水道普及率は97.9％に達し，ほぼ国民皆水道は達成されたと言っても良いだろう。また，技術革新が進み防火対策が施された建物が多く，衛生的な生活環境が実現された今日において，もはや初期の水道の目的は実現されたと評価されるべきである。しかし，日本の水道は社会環境の変化により，新たな問題を抱えることになった。人口減少，度重なる自然災害，高度経済成長期に建設された水道施設の老朽化，など。市町村営主義の下，地方自治体によって運営されてきた小規模水道事業は近い将

来，経営の危機に直面することが指摘されている。厚生労働省は，このような困難な状況に立ち向かうため，平成30（2018）年度中に水道法改正を目指している。50年後も現在と同じ水道サービスを維持していくためにも，今後の水道政策の方向性に注目していく必要がある。

4．アジア地域における「水問題」

　これまで述べてきた日本における水問題は，おそらくすべての先進国においても同様に生じていると考えてもいいだろう。しかし，本書が対象としているアジア地域，あるいは開発途上国における水問題は全く別のところにあることを理解しなければならない。

　国連のレポート（UN WATER）を引用してみよう。「安全な飲料水，適切な汚水処理，衛生的な施設が，自宅・仕事場・学校などになければ，成人女性や未成年の女の子が安全で生産的で健康的な生活を送ることが圧倒的に困難となる。低所得の国々において，成人女性や未成年の女の子は家庭における飲料水・衛生環境・健康の管理において重要な役割を担っており，時としてこれらの役割のために教育を受ける機会をも失くしてしまう。安全で衛生的でプライバシーの確保されたトイレを利用することができなければ，彼女たちの疎外化は一層助長されることになるのである」つまり，水道や下水道が整備されていない国々において，水問題とはすなわち「ジェンダー問題」であり，女性の社会進出どころか，「健康や安全を脅かす脅威」として認識されている。

　水道技術研究センターはアジア各国の主要都市の水道の状況に関して情報を提供している（**図表6-1**）。あくまで主要都市のデータであるため，それぞれの国で地方都市になればなるほど状況は非常に劣悪になることは容易に想像がつくだろう。それでは，それぞれのデータの意味を考えてみよう。

図表6-1◆アジア主要都市の水道の状況

国	都市	水道普及率 (%)	無収水率 (%)	1人1日当たり水使用量 (ℓ)	水道料金 ($/㎥)
インド	デリー	89	45	205	2.9
インドネシア	ジャカルタ	60	42	-	3.6
カンボジア	プノンペン	86	7	117	1.5
スリランカ	-	46	26	130	0.8
タイ	バンコク	99	29	330	1.0
日本	東京	100	4	219	9.3
ネパール	カトマンズ	80	35	33	4.0
パキスタン	ファイサラバード	62	38	130	n.a.
バングラデシュ	チッタゴン	75	23	120	1.1
東ティモール	-	25	80	150	n.a.
フィリピン	マニラ	94	30	130	n.a.
ベトナム	ホーチミン	100	28	141	4.4
ミャンマー	ヤンゴン	35	66	110	0.6
ラオス	ヴィエンチャン	67	25	177	1.7

注:スリランカと東ティモールについては国全体のデータとなっている。
出所:水道技術研究センター[2018]より筆者作成。

　水道普及率とは,その地域の居住人口を分母として水道を利用している人口を分子に取った割合(%)である。参考までに東京のデータが追加されているが,東京はもちろん水道普及率は100%であり,ベトナムのホーチミンも100%普及していることがわかる。その他,タイのバンコク,フィリピンのマニラ,インドのデリー,カンボジアのプノンペン,ネパールのカトマンズで高い普及率が示されている。一方,東ティモール,ミャンマーのヤンゴン,スリランカでは相対的に普及率が低く,これらの国・地域では先のジェンダー問題がより深刻になっていることが想像される。

　無収率とは,総配水量に占める料金徴収の対象とならなかった水量(無収水量)の割合(%)である。参考までに,東京ではわずか4%となっているが,言い換えると96%の水道水に対して課金されているということになる。水道事

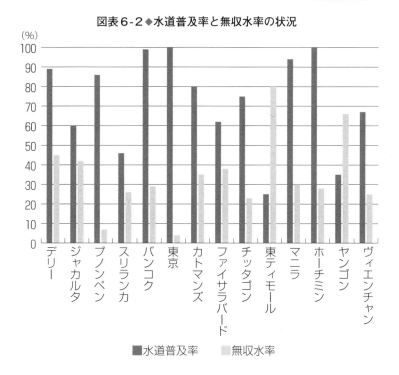

図表6-2 ◆水道普及率と無収水率の状況

■水道普及率　■無収水率

業は装置産業であり莫大な固定費用を必要とするという特徴がある。日本では総括原価方式が採用され，能率的な経営のもとに生じる適正な費用をベースとして料金が設定され，原則として費用のすべてを料金で賄うという独立採算制が導入されている。したがって，持続可能な水道事業であるためには無収率が限りなく0に近いことが望ましい。

先の水道普及率と無収率の関係を，**図表6-2**を用いて視覚的に見てみよう。東京のように水道普及率と無収率の棒グラフが大きく乖離している状態が望ましいとされる。カンボジアのプノンペン，タイのバンコク，フィリピンのマニラ，ベトナムのホーチミンは比較的良好な状態であることがわかる。一方，東ティモール，ミャンマーのヤンゴンは水道普及率を無収率が大きく上回っており，状況が非常に悪いことが理解されるだろう。また，インドのデリーは水道普及率が高いにもかかわらず無収率が非常に高く，インドネシアのジャカルタ，

パキスタンのファイサラバードでは，水道普及率と無収率が拮抗している状況である。したがって，アジアの多くの地域では，水道が整備されたとしても料金を徴収することが非常に困難なケースが多く，このことは図表6-1の水道料金を見ても，ほとんどの国・地域で東京と比較すると半分から10分の1以下となっており，それぞれの地域の所得水準に応じた水道料金設定が行われていると考えられる。

先のジェンダー問題の解決，あるいは安全で衛生的な飲料水を水道により供給するという目的を達成するためには，乗り越えなければならない課題が山積していることが理解されるだろう。

5．アジアの水道インフラ整備における日本の果たすべき役割

厚生労働省は，UNICEF and World Health Organization［2015］のデータを引用し，**図表6-3**のように安全な飲料水を利用できない人口の割合を公表している。これは，UNICEFとWHOが国連ミレニアム目標（MDGs）として掲げた，「安全な飲料水を利用できない人口の割合を半減すること」を1つの目標としたものであり，日本においても国際協力機構（JICA）が実施する国際協力事業（ODA）をはじめとして厚生労働省などの国の各省庁，地方自治体，民間企業が協力して達成に向けて努力してきた成果でもある。このように，水道分野においては官民を挙げての積極的な国際協力が実施されているところである。

具体的な国際協力として厚生労働省は，①技術協力（専門家の派遣，研修員受入，開発調査），②無償資金協力，③有償資金協力，をあげている。それぞれの具体的状況をまとめたものが**図表6-4**である。この表よりも明らかなように，日本は過去から現在まで継続的に国際協力に取り組んできたことが理解される。このうち，長期専門家の派遣先は東ティモール，ミャンマー，カンボジア，インドネシア，ラオス，サモアとなっており，アジア地域，特に水道のインフラ整備が遅れている地域に対して長期的な国際協力が実施されてきたと

図表6-3◆安全な飲料水を利用できない人口の割合

(%)

	1990年	2015年	MDGs
サブサハラアフリカ	52	32	未達成
オセアニア	50	44	未達成
南アジア	27	7	達成
東南アジア	28	10	達成
コーカサス・中央アジア	13	11	未達成
東アジア	32	4	達成
北アフリカ	13	7	未達成
西アジア	15	5	達成
ラテンアメリカ・カリブ海	15	5	達成
開発途上国全体	30	11	達成
世界全体	24	9	達成

注：MDGsとは国連ミレニアム開発目標（安全な飲料水を利用できない人口の割合を半減すること）のことである。
出所：厚生労働省ホームページより筆者作成。

図表6-4◆水道分野における国際協力の状況

		2006	2007	2008	2009	2010	2011	2012	2013	2014	2015	2016
専門家派遣人数（人）	長期	6	5	6	7	5	4	9	7	6	8	10
	短期	14	15	20	14	27	30	45	49	29	29	33
	計	20	20	26	21	32	34	54	56	35	37	43
研修員受入人数（人）	JICA集団研修	39	38	44	64	76	69	65	81	100	136	132
	JICA個別研修等	62	97	72	42	100	121	115	89	52	26	22
無償資金協力状況	件数	22	27	30	30	18	14	11	14	9	10	2
	金額（百万円）	16,131	15,664	14,693	28,411	21,796	15,773	10,500	19,054	11,387	18,861	7,964
有償資金協力状況	件数	14	6	9	5	0	6	5	3	1	2	1
	金額（百万円）	180,825	114,130	148,838	75,464	0	83,218	88,291	42,442	23,683	59,910	10,271

出所：厚生労働省ホームページより筆者作成。

ころである。

　さらに公益社団法人国際厚生事業団は厚生労働省の委託事業として，2012年以降毎年「水道分野の国際協力に関する検討報告書（日本語版，英語版）」を公表している。2017年版の同報告書は，厚生労働省の水道国際協力事業の評価を行うとともに，国連のミレニアム開発目標（MDGs）の後継としての持続可能な開発目標（SDGs）の達成に寄与するという視点から，水道分野の国際協力についてこれまでの取組を整理したうえで，今後の取組について見直すべき分野や方向性がないかの確認を行っている。さらに，これまで取り組まれてきた国際協力をより正確に把握することを目的にラオスにおいて行われた現地調査の報告書を取りまとめている。ラオスに対する水道国際協力は1963年に開始され，以来継続的に水道施設整備および人材育成が行われているものの，依然として課題が多く今後も継続して国際協力が必要であることが報告されている。

6．アジア － 投資 － インフラ － 水道

　本章では，アジアにおける投資およびインフラ整備に関して，第1章から第5章において取りまとめられた研究成果を概観したのち，残されたテーマの1つとしての「水道」を取り上げ，日本における水問題，アジアにおける水問題，そして水道インフラの整備に関してアジア地域における日本の果たすべき役割について議論してきた。

　人間は水のあるところでしか生きていくことができず，また都市の発展には近代水道の建設が不可欠である。同じく，汚水処理，雨水排除のための下水道も整備しなければならない。水道はいわば都市の「動脈」であり，下水道は「静脈」の役割を果たす。人間が動脈と静脈が機能しなければ健康であり得ないのと同じように，都市は水道と下水道が機能しなければ健全な発展は実現できない。日本の水道は水道法第1条にも明記されているように「清浄にして豊富低廉な水の供給」を実現するためにこれまでたゆまぬ努力を続けてきた。結果として世界最高水準の水道システムを築き上げたのである。今後は，その世

界最高水準の水道システム（水道インフラ）をアジア地域に普及させ，アジア地域に住む人々全員が豊かな生活を享受し，アジア共同体として持続可能な社会が形成されていくことを期待したい。

〔引用・参考文献〕

金子光美［2006］「水の安全性と病原微生物―その歴史と現状，そして未来―」『モダンメディア』第52巻，第3号，76-83頁。
熊谷和也［2016］『水道事業の現在位置と将来（第3版）』水道産業新聞社。
竹村幸太郎［2014］『日本史の謎は「地形」で解ける【文明・文化編】』PHP研究所。

公益社団法人国際厚生事業団［2017］「平成28年度水道分野の国際協力検討事業：2030年に向けた取組の方向性」http://www.mhlw.go.jp/file/06-Seisakujouhou-10900000-Kenkoukyoku/0000163163.pdf，（2018年4月10日現在）
厚生科学審議会生活環境水道部会水道事業の維持・向上に関する専門委員会［2016］「国民生活を支える水道事業の基盤強化等に向けて講ずべき施策について」，http://www.mhlw.go.jp/stf/shingi2/0000143843.html，（2018年3月18日現在）
厚生労働省「水道分野における国際貢献」http://www.mhlw.go.jp/stf/seisakunitsuite/bunya/topics/bukyoku/kenkou/suido/jouhou/other/o4.html（2018年4月10日現在）
厚生労働省「水道分野の国際協力」http://www.mhlw.go.jp/stf/seisakunitsuite/bunya/0000112577.html（2018年4月10日現在）
水道技術研究センター「アジア諸国水道マップ」http://www.jwrc-net.or.jp/map/asia_map.html，（2018年3月18日現在）
UN WATER, "Water and Gender", http://www.unwater.org/water-facts/gender/,（2018年3月18日現在）
UNICEF and World Health Organization［2015］"Progress on sanitation and drinking water-2015 update and MDG assessment", http://files.unicef.org/publications/files/Progress_on_Sanitation_and_Drinking_Water_2015_Update_.pdf,（2018年4月10日現在）
U.S.News and World Report［2017］"Best Countries to Invest In", https://www.usnews.com/news/best-countries/invest-in-full-list,（2018年3月18日現在）

第Ⅱ部 政治編

アジア諸国の政治的課題と展望

第7章

北東アジアの平和秩序を制約する要因と域内秩序の展望について

1. 北東アジアの多国間協力が難しい理由

　本章では，北東アジアの紛争と平和に影響を及ぼす要因を抽出し，これがどのような過程を経て，関係国の関係を決定するのかを究明することが目的である。世界の様々な地域に，多国間の協力メカニズムが模索されたが，特に，欧州に構築された北大西洋条約機構（North Atlantic Treaty Organization: NATO）と欧州連合（EU）がそれぞれ安保と経済の分野で，最も成功した多国間協力の事例であろう。旧ソ連という強力かつ共通の脅威が米国と西欧諸国の結束を生み，軍事協力が域内経済協力と統合を促進した。欧州の多国間主義が注目される理由は，これが20世紀の軍事・経済秩序を主導した3大の核心勢力（米国，ソ連，欧州）との間の勢力関係を規定したからである。

　21世紀の国際政治学では，東アジア多国間主義で，その中でも，北東アジア多国間協力が成功するかどうかに大きな関心が集まる。米・ソの冷戦体制が米・中の競争体制に置き換えられ，米国と中国の戦略が先鋭に対立する地域がまさに，北東アジアだからである。東アジアには安全保障，経済，社会，文化の領域にわたって複数の域内多国間協力が存在するが，参加国の範囲が制限されるか，もしくは協力の規模が大きくなるとしても，他の多国間協議機関との対立，および競争関係に置かれている場合が多い。北東アジアは日米韓，朝・中・露，日・中・韓の関係のような小多国間協力の役割が目立つ。

このような協力と競争の組み合わせが，国益をめぐり争う北東アジア地域の争点事例として，日韓関係と北朝鮮の核問題を検討する。多国間協力の可能性をめぐり，ネオリアリストは悲観論を，ネオリベラリストは楽観論を語る。前者は，主要なライバル国の間の権力政治が多国間協力を制約すると見て，後者は国家間の価値と制度の類似性が多国間の協力を促進させると主張する。このようなマクロ的な国際関係論の多国間主義に対する一般論は，北東アジアの多国間協力の具体的な因果関係が明らかになっていない。

韓国と中国，韓国と北朝鮮が異なる価値・理念と制度を持つにも関わらず，経済協力を図る理由，そして，韓国と日本が米国という強力な同盟パートナーを得たにも関わらず，効果的な安全保障協力を推進していない理由を説明しなければならない。筆者は，国家間の戦略的利益や価値の共有から始まった協力を弱体化させる要因が過剰な民族主義であることを検証する。この民族主義をどう制御するかは，国のリーダーシップの能力にかかっているという意味で，民族主義は対外政策の最終的な選択肢を左右するパラメータ（媒介変数）の役割を担う。

2．歴史と仮説

2.1 多国間協力の拡散プロセス

国際政治学でも多国間主義という用語は，3つ以上の国が行う協力や協働を意味する。東アジア地域の多国間機構である東南アジア諸国連合（ASEAN）は，EECより9年後の1967年に創設された。フィリピン，マレーシア，シンガポール，インドネシア，タイの5カ国から出発したASEANは，ブルネイ（1984），ベトナム（1995），ラオス・ミャンマー（1997），カンボジア（1999）が順次加盟しASEAN 10となった。冷戦終結後，1990年代に入って，共産主義国が加入することにより，域内協力の環境が改善されたが，加盟国間の異なる経済発展水準，産業構造，政治制度，宗教等により，限定的な経済・安保協力が行われた。

加盟国間の自由貿易地帯では，経済的な相乗効果が十分に生まれず，1997年に降りかかった東アジアの金融危機を契機に，中国，日本，韓国の首脳を定期的に招待しASEANはASEAN＋3に拡大した。ASEAN本来の目的は，米国，旧ソ連，中国が繰り広げる世界の理念対決構図で政治的中立を標榜する一方，EU，NAFTA，MERCOSURやGCCなどと同様地域経済ブロックを形成することがあったが，両方の目的を実現することは容易ではなかった。

　ASEANで生まれた東南アジアの多国間主義は，東アジア全体はもちろん，太平洋とインド洋を網羅する巨大地域主義に拡大され始め，その中心には，米国のリーダーシップがあった。米国，中国，日本を含む21カ国で構成されたAPECは，人口と経済規模において世界最大の経済共同体であるが，加盟国が環太平洋に位置する共通点を除いては，異なる経済発展段階と多様な政治や文化が混在している。

　1994年に発足したASEAN地域フォーラムは，ASEAN＋3の13カ国と米国，カナダ，オーストラリア，ニュージーランド，インド，ロシア，北朝鮮などアジア太平洋地域27カ国の外相が毎年1回集まる多国間安全保障協力会議である。参加国が自由に発言した内容を議長声明の形で集約する過程で，北朝鮮の核問題，南シナ海問題など域内の主要な問題についての鋭い意見の衝突が毎年繰り返されてきた。

　東アジア地域に共存する各種の安全保障・経済協力会議の試行錯誤を基に，東アジア共同体の新たなビジョンを模索しようと，2005年に東アジア首脳会議がスタートした。ASEAN＋6（中国，日本，韓国，オーストラリア，ニュージーランド，インド）体制で開始したが，2011年に米国とロシアが参加することにより，18の加盟国の年次首脳会合のシステムが作られた。2010年からは，同じ18の加盟国の国防長官が毎年共同で海洋安全保障，テロリスト対策，人道支援や災害復旧，平和維持活動，防衛医学の5つの分野に関する協力を議論するASEAN拡大国防相会議（ADMMプラス）も開催されている。

　しかし，EASとADMMプラスも議論の内容があまりにも抽象的で，協力が

合意されてもその内容が極めて限られたものであり，既存の域内多国間協力機構の限界を抜け出せずにいる。東アジアの多国間主義が直面している新たな挑戦は，中国の台頭である。日本，韓国，オーストラリア，ニュージーランド，インド，タイ，フィリピン，ベトナム，シンガポールなどの主要加盟国が米国の強力な同盟国であり，親米性向を帯びているという点はG2を自任する中国の立場から見て望ましくはないだろう。

中国は政治と安全保障分野で，上海協力機構（SCO）とアジア相互協力信頼醸成措置会議（CICA）を主導しており，経済問題においては，域内包括的経済連携協定（RCEP）の議論に積極的に参加している。このような現象は，米国主導の既存の多国間機構に対抗する，中国版多国間協力の登場を意味する。中国は米国のように軍事同盟を通じた外交ではなく，域内国との経済協力と戦略的協力を強化して，中国が主導するアジアの大陸・海洋ネットワークを構築しようとしている。

北東アジアは，米国と中国の戦略がどの地域よりも鋭く対立し，競争する地域である。北朝鮮の核・ミサイル・プログラムに対する認識と対応が異なるだけではなく，米国と中国は朝鮮半島と北東アジアのそれぞれの未来の安全保障のあり方を実現すべくゼロサムゲームを行っている。日本とロシアという強大国が一緒に存在している北東アジアは，米国・日本対中国・ロシアという新冷戦対立の構図に置かれている。

これらの4つの国を含む，韓国と北朝鮮が参加した6カ国協議は，北朝鮮の核プログラムを阻止しようと，2003年に作られた北東アジアの多国間システムであったが，2007年に，その機能と効用性を失った。同じ6カ国が1.5トラック次元で参加する北東アジア協力対話は，決定権なしに自由に意見が行き来するフォーラムである。また，北東アジアには，制度化された公式機構ではないが，相互の利益と立場によって日米間，中朝露，日中韓の協力の3者間のミニラテラリズムも存在する。これらの非公式協力体制が北東アジア域内の対立と協力に関する因果関係を究明するための1つの鍵である。

2.2 多国間協力の成否の要因：価値 vs 権力政治，そして民族主義

　今まで見た東アジアの多国間協力の事例は，地域レベルの超国家連帯が拡散し，その中には，協力と対立の二重性が内包されていることを示唆している。国際関係論の主要な学派であるネオリベラリズムとネオリアリズムは，多国間主義の効能についてそれぞれ相反する主張を広げる。前者は，多国間協力が国際平和と共同の繁栄に重要な役割を果たすと信じ，国家間の価値の共有と制度の発展が多国間協力の幅と深さを左右すると見ている。後者は，国際機関が強大国の利益に奉仕する手段に過ぎず，国際平和は国際機関ではなく，力のバランスによって守られると主張する。

> 仮説１：価値と理念の違いが多国間協力を制約する。
> 仮説２：強大国の権力政治が多国間協力を制約する。

　仮説１を支持するネオリベラリズムは，国家が矛盾する利害関係を解消するために自発的に協力を選ぶという。協力の機会と空間は，市場経済と自由民主主義を共有する国の間で，さらに大きくなる。国家間の合意事項が覚書や条約に明確にされ，さらに機構の発展は国際協力の制度化を意味する。制度の規則は，善意の競争を通じて共同の成果を保証し，これにより，協力の実践を通じた国家間の相互信頼が蓄積される。結局，制度と認識が結びつけて示された国際レジームが多国間協力の重要な原動力となる。

　国際機関が持つ情報の開放性と透明性は，国家の情報獲得費用を低く抑え，協力を通じた利益のために予測と期待を与えることにより，国家間の不信を緩和する。国際連合，世界銀行のような国際機関は，米国の主導的な役割により誕生したが，時間が経つにつれて自律性を持つようになり，最終的には，特定の強大国の役割がなくても，国際協力を導出する独自の機能を発揮するようになるというものである（Keohane［1984］pp.49-64，182-216）。

　ネオリベラリズムによると，市場経済を信奉する国家の合理的な選択が多国間経済協力に帰結され，軍事分野では，理念と価値が同質であるか否かは，戦

争と平和を区分する決定変数である。民主主義国家同士互いに戦わない民主主義平和理論がその代表的主張である（Doyle [1986] pp.1151-1169）。NATOの結束と西側世界の平和を確保したのは，米国と欧州が共有した自由民主主義に依るところが大きく，東南アジアの安全保障環境が改善されたのは，ASEAN加盟国の間で民主主義が拡散されたためで，北東アジアの緊張が高まっているのは，米中間，そして南北朝鮮の間の理念と価値の乖離に起因するという解説が可能である。

　仮説2を支持するネオリベラリズムは，多国間主義が協力を確保するための鍵ではなく，国際機構は詰まるところ大国の力，政治の産物にすぎないと主張している（Mearsheimer [1994/95] pp.5-49）。すべての多国間機構は，特定の国の主導的な役割によって誕生するので，設立の段階で，すでに特定の国の利益を反映するルールが作られるのである。自由主義は，協力に参加したすべての国が利得をとることを重視するのに対し，現実主義は，国ごとに大なり小なり分配される利益の差に着目する。

　ネオリアリストによると，国家間の協力は，相手の善意ではなく，自分の安全と利益を確保するための国益から始まる。誰も他の国の生存責任を負わない無政府状態で，国家は軍事力と経済力をかけて無限競争を繰り広げることになるが，1人だけの力で自らの安全を確保することが難しい場合，適切な協力パートナーを見つけ，その参加国数が増えれば，多国間協力構図が形成される（Waltz [1979] pp.102-128）。新自由主義が多国間安全保障協力を異質の価値を信奉する外部勢力に対する自由民主的価値の対応だと考えた場合，新現実主義の立場に立った集団安全保障体制は，共通に認識される特定の脅威に対する力の結束である。

　ネオリアリストたちは，戦争と平和を決める構造的要因を国家間の力の分布で探す。敵対勢力間の力の大きさが均衡していた場合，平和が維持される。米国と旧ソ連の冷戦期の2極システムがその例である。また，特定の国の力が他のすべての国を圧倒した場合，世界の警察としてリーダーシップが保証する世

界の平和と経済的繁栄が保証される。第2次世界大戦後の約30年の間，米国が構築した一極体制を指す。既存の国際秩序に不満を持った挑戦国の国力が急速に成長し，覇権国の地位を脅かすと，国際社会の緊張と戦争の可能性が大きくなる。中国の台頭による米中の対立構図の出現が，これを裏付ける。

ネオリベラリズムとネオリアリズムはすべての国が持つ利己的属性については意見の相違がない。ただし，そのような国が利益を交換して価値を共有するために自発的に協力を選ぶか，または権力政治が支配する対立関係から脱しにくいかの意見で分かれる。これまでの議論を総合すると，欧州と東アジアの多国間主義については，次の5つの暫定的な結論を導き出すことができる。

第一に，国家間の価値と理念が異なっても一定レベルの協力が発生し，これは経済分野で目立つ。APEC加盟国は社会主義国家である中国とベトナムが含まれている。特に中国は，ASEANを含む韓国，オーストラリアなど17個の自由貿易協定を結んでおり，11個の新しい両国または多国間FTA交渉を進めている。政治理念を超越した経済協力の拡大は，21世紀の国際秩序の一般的な慣行として定着している。

第二に，国家間の経済協力は，経済論理に加えて，安全保障の利害関係による戦略的目標によって推進されることもある。戦後に米国がマーシャルプランを通して西欧の経済再建を助けたのは，ソ連という軍事的脅威を意識したものだった。米国が社会主義国家であるベトナムとの経済協力を強化することも，単に経済的な要因だけでなく，中国に対する牽制の布石が含まれている。中国が韓国とのFTAを積極的に推進し，2015年に最終的に成功させた背景も，米国のオバマ政権と繰り広げた朝鮮半島への介入をめぐる外交競争の一環であった。

第三に，すべての多国間制度の構成員は，国家間の力の序列に応じたヒエラルキーに影響される。つまり，多国間協議体は，その設立趣旨や活動が特定の大国の利害関係に左右されやすいということである。NATO，ARF，ADMMプラス，EASは米国の軍事力が，APECは米国の経済力が，EUはドイツの経済力が，SCO・CICAとRCEPは中国の軍事・政治力と経済的影響力が中心的

な役割を果たしていると言えよう。

　第四に，多国間制度は，互いに競合する。NATOとEUの拡大は，SCOのような，ロシア‐中国間の共助体制を招来した。中国は，米国が主導する東アジアの多国間主義に対抗して，中国が主導する各種政治，軍事，経済協議体を強化している。世界の各地域間あるいは域内多国間主義の競争関係は，グローバルレベルでの高度な米中間の競争構図として表れている。

　第五に，北東アジアは米中の戦略競争が最も激しい地域であり，これは域内制度間の対立関係に表示される。米国が率いる日米韓の3カ国の協力体制は，中国が主導する中朝露の3カ国の協力体制と対立関係にある。日中韓3カ国の協力は，経済分野に限られたレベルに留まっている。北朝鮮の核問題と朝鮮半島の統一という高度の軍事・政治問題は，米中の協力はもちろん，北東アジア全体の範囲の地域多国間協力の促進を困難にする。

　北東アジア6カ国の多国間関係は，ネオリベラリズムとネオリアリズムの両極端な対比構図で説明するには不十分である。米国と中国の域内勢力競争とこれらの国家の間の価値，理念，制度の違いが日米韓対中朝露の競争関係につながっているのは事実だ。しかし，北東アジア秩序の将来は，北朝鮮の核問題と日韓関係という決定的事例を説明していなければ，正確に予測することができない。この2つの懸案の進路は，将来，米中関係はもちろん，北東アジア秩序の形を左右するものであるからである。

　北朝鮮の核問題と日韓関係というパズルは，関連するいくつかの重要な質問に対する検討を通して解くことができる。韓国の対北朝鮮政策はなぜ一貫性がないのか。米韓同盟と中韓関係の未来は，域内の米中競争という構図で，なぜ重要な役割を果たすのか。日韓両国は，果たして過去の問題で真の和解は不可能なのか。難しい日韓関係は，日米韓の安全保障協力にどれほど障害になるのか。これらのすべての疑問に共通する要因は，「域内民族主義の過剰」現象である。筆者は次の節で，関係国の民族主義が朝鮮半島問題と日韓関係に及ぼす因果関係を検討することにより，北東アジア多国間主義の可能性と限界を総合

的に評価する。

3. 北東アジアの多国間協力と過剰なナショナリズム

3.1　域内民族主義の拡散

　北東アジアはGDPを基準としてみた場合世界の3大経済大国（米，中，日）と世界3大軍事大国（米，露，中）が密集している地域である（IMF［2017］；Global Firepower［2018］）。世界7大貿易国に属する韓国の経済規模は，世界11位，ロシアよりも大きく，軍事力も世界12位にランクされている。最貧国の北朝鮮の通常兵力は世界23位と評価され，核兵器と弾道ミサイルの能力はさらに考慮すべきである。これらの6つの国が占める国力の重みと国家間の利害の対立と競争関係を考慮すると，北東アジアは世界のどの地域よりも多国間の協力関係を引き出すのに難しい地域である。

　先に東アジアの多国間機構を検討しながら，大国の権力政治と国家間の価値と制度の異質性が域内協力の障害として作用することを説明した。米中間の競争関係と日米韓対，中朝露の価値対立が併存する北東アジアは，これら2つの制約要因がより先鋭に働く。さらに，これらの6カ国の国内リーダーシップが共通に持つ民族主義性向は，北東アジアの多国間協力の空間をさらに狭くする。国内政治要因に起因する過剰な民族主義は，外交に悪影響を及ぼして，結果的に域内の対立や紛争の可能性を高くする。

　民族主義は，政府の権限と統制力が大きい全体主義と権威主義の国で特に高まっている。習近平中国国家主席が2018年に政権の第2期目を開始し，これまでの任期10年の習慣を破る長期支配体制の構築に乗り出した。自らの名前を冠した「習近平新時代の中国の特色社会主義思想」を憲法に反映する等，毛沢東と鄧小平時代を凌駕する指導者1人支配体制が登場した。終了任期のない絶対的な権力を正当化するための最も簡単な手段が民族主義だ。経済発展を加速し，中華民族の偉大な復興を実現するという約束は，中国人民の民族主義感情を強化するだろう。

ロシア人の栄光とプライドを取り戻そうとするスラブ民族主義は，ロシアの民主主義の後退をもたらした。2000年に大統領になって8年および政権を維持したプーチン（Vladimir Putin）は憲法を改正し，大統領の任期を6年に変更，2012年に再び大統領となった。彼は2018年3月の大統領選挙で再選に成功，2024年までに少なくとも20年政権を維持できることが確定した。ロシアの国民は，政府が国家経済を独占して民主化運動を弾圧しても，石油や天然ガスなどのエネルギー資源を梃子に，西側世界に対抗するという「堂々とした」ロシアを支持している。

強力な全体主義を広げる北朝鮮は，中国やロシアから受け継いだマルクス・レーニン主義に王朝政治を結合させた。金氏一族の権力は神聖視されており，建国した金日成が教え導くよう生きることで人間の自主性と主体性が確保されると主張している。「民族」は，慢性的な経済難の中で，北朝鮮の住民を抑圧し，思想統制するための道具として活用される。米国という帝国主義勢力から国を守るために強力な核とミサイルの能力を備えて，外部勢力の干渉なしに南北が「わが民族同士」の敵を倒さなければならないという主張を固守する。

選挙で政策を評価されて政権が交代する自由民主主義国家も，民族主義から自由ではない。「米国を再び偉大にする」というスローガンで当選したトランプ大統領は，軍事と経済をはじめとするすべての問題では，米国第一主義を標榜する。自由主義の価値ではなく，米国の利益を，多国間協力ではなく，1対1の取引を通じて優先する。したがって，自由主義的国際主義に基づいた友好国との連携が弱体化する代わりに，地域の重要な利益がかかった問題で大きな対立と緊張が続かざるを得ないだろう（Ikenberry［2017］pp. 2-7）。

2012年12月に赴任した日本の安倍晋三首相は，2018年9月の自民党総裁選で3期目の総裁に就任した場合，2021年9月まで首相職を務めることになり，佐藤栄作総理の最長在任記録を更新する。第2期安倍政権前の5年間で首相が5人変わったという事実を見ても，日本国民の安倍のリーダーシップに対する評価が特別であることがわかる。アベノミクスの大胆な景気刺激策が慢性デフレと円高を克服しながら，日本経済の好況と雇用の改善に導いた。北朝鮮の脅威

に断固として，中国の台頭には堂々と対応するという安倍内閣の外交基調も，国民の積極的な支持を得ている。

韓国の民族主義感情は，反米，反日，親朝の3つの現象に示される傾向を示す。2002年，在韓米軍の訓練中に発生した女子中学生死亡事件と，2008年に米国産牛肉の狂牛病ルーマによって高まった反米感情は，李明博－オバマ政権の間にグローバル戦略同盟の構築により収まった。過去の問題に起因する反日感情は，2015年12月に日韓慰安婦問題で合意に至ったにも関わらず，両国間の安全保障協力とFTA推進を阻害している。北朝鮮の脅威と対抗すると同時に受け入れ，サポートしなければならないという，相反する二重の論理は，韓民族同士の民族主義感情から始まる。国民世論は，政府の立場と政策基調に影響を受ける。

「過去の栄光の復活」を大衆に約束する回顧的民族主義は，外部に敵を想定して，内部の結束を固める戦略を駆使するという点で，国際社会の分裂と対立を加速する。指導者が政治的利益のためにポピュリズムで経済と安全保障の問題に対応した場合，その国の世論が分裂することはもちろん，国際社会での対立も深まる。大国の権力政治と価値・制度の異質性に基づく北東アジアの対立する秩序は，最近各国に蔓延する民族主義の高まりにより，さらに不安定なものとなる。その中でも，日韓両国間の敵対的民族主義と南北間の包容的民族主義は，域内の安全保障秩序の行方を左右する決定的な変数である。

3.2　2つの検証事例
3.2.1　日韓関係の挑戦の要因

北東アジアの安全保障秩序は日米韓の自由民主主義勢力と中朝露の権威主義勢力が対立する構図で形成されている。この他にも公式のハイレベルの外交協議として日中韓の年次首脳会談がある。2008年に韓国の提案で始まった同会談は定例化されたが，安全保障問題に関する意見の相違を解消できないまま，経済・社会・文化の分野に限った協調を模索する段階に留まっている。実際，北東アジア秩序形成において，最も強力な影響力を行使できるアクターは米国で

ある。その米国が不在した中で行われる安全保障の議論が進展することを期待するのは難しい。

　日韓関係の脆弱性は，日米韓関係に否定的な影響を与え，ひいては北東アジア地域内力学と安全保障秩序に大きな変化を及ぼしうる。日米同盟と韓米同盟は戦後約70年の間，北東アジア秩序の安定を維持する２大軸として機能してきた。日本と韓国は，米国が提供する安全保障の傘のおかげで，ソ連と中国の軍事的脅威に対抗することができ，米国が構築した自由主義経済の秩序の中で目覚ましい経済成長を遂げた。ただし日韓両国の関係は，なかなか過去の問題から解放されなかった。日本の植民地統治に対する韓国人が持つ苦痛に満ちた集団の記憶は，日韓関係の改善を妨げる大きな障害であった。

　1965年に行われた日韓国交正常化で両国は再び友人となったが，これは，米国の戦略的必要性と積極的な仲裁努力によるものであった。日韓両国が納得できるものではなかったにも関わらず，過去の傷を癒す日韓政府の努力が続いた。韓国が被害者の立場から問題を提起すると，日本は加害者の立場から謝罪談話を発表した。歴史教科書の侵略に関する歴史執筆内容，戦時慰安婦の強制動員，強制合併と植民地支配等について，日本政府の謝罪が続いた。過去の歴史論争の最後の争点である戦時慰安婦問題に対する日本側の公式謝罪と賠償は，2015年12月に朴槿恵政府と安倍内閣の間の合意で一段落したと思われた。

　しかし，少なくとも韓国人の立場からは，慰安婦問題はまだ解決されていないようだ。安倍首相ではなく，外務大臣が謝罪し日本の反省と謝罪に真摯さが十分ではなかったという理由である（Basu［2016］）。日韓両国政府間には，もはや謝罪し許す案件が残っていないのに，過去の問題に起因する両国国民の間の恨みや感情的なしこりはまだ癒されていない。民間レベルで，両国間の活発な交易と人的交流が行われているが，真の和解と包容への道はまだ遠い。敵対的民族主義を煽るポピュリズム政治が続いている。

　安倍首相が主導する日米集団自衛権の行使と日本の平和憲法改正の試みは，多くの韓国人たちの目には「脅威」とみなされる。日米韓の３国が協力すれば，

中国と北朝鮮の脅威にも適切に対応できるという安全保障の論理に照らせば，これは非論理的な議論である（Glosserman and Snyder [2015] pp.155-180）。2012年6月には，韓国国内の世論の反発で締結直前に延期された日韓軍事情報保護協定（GSOMIA）は，米国の積極的な仲裁の役割に支えられ，2016年11月に成立した。

　文書で制度化され，軍事情報の交換に関するこれらの約束が実際にどのように実現されるかは未知数である。さらに日韓の間に意味のある安全保障協力を推進するために相互軍需支援協定に裏付けられるか否かの鍵は，やはり韓国側の国内世論ある。2003年12月に交渉が始まったものの，2018年現在までに成功の見通しが不透明な日韓自由貿易協定（FTA）も経済だけでなく政治的要因の制約を受ける。

　日米同盟が，中国とロシアの国力を圧倒していた時代は過ぎた。中国が急速に成長し，中国とロシアは，北朝鮮，中東諸国が持つ反米意識を利用して政策的にも連帯を図ろうとしている。米国と日本が中国を戦略的競争相手に扱うことに対し，韓国は中国を牽制しながらも協力しなければならない厄介な隣人とされてしまう。CICA，RCEP，AIIBなど，米国と日本が加入していない中国主導の多国間協力に韓国は参加している。韓国は日米間の協力の戦略的な必要性を認めながらも，中朝露の3国と衝突する局面に進んでしまうことを望んでいない（Kim [2017] pp.279-280）。

　韓国は大陸との地理的な隣接のため，中国の脅威に敏感である。対北朝鮮政策において，北朝鮮に大きな影響力を持つ中国との協力関係を必要とする場合もある。しかし，韓国が維持する日米との強力な安全保障パートナーシップを対中政策の効果的なテコとして活用できていない理由は，日韓間の過去の歴史，民族主義という制約が含まれていることに留意しなければならない。

　中国とロシアは，日米韓3カ国の安全保障協力の最も脆弱な繋がりである日韓関係の隙間をさらに広げる方が望ましいという点で認識を共にしている（Voice of America [2017]）。2016年7月に韓国政府が米国の対北朝鮮弾道ミサイル防衛システムである戦域高度迎撃ミサイル（THAAD）システムの配置計

画を発表すると，中国が韓国の各種経済報復措置をとったことも，北朝鮮の軍事脅威ではなく，韓米軍事協力の強化を心配する中国の戦略的本音を露呈したものである。

3.2.2　北朝鮮核開発問題のジレンマ

　北朝鮮の核兵器開発プログラムの存在は，1992年に国際原子力機関の査察の過程で，北朝鮮が申告した虚偽の内容と，未申告の２カ所の核施設の存在により明らかになった。米朝間の17カ月にわたる３段階の協議の末に，1994年10月，ジュネーブ合意に至った。北朝鮮が核開発を凍結する代わりに韓国，米国，日本が主軸になった朝鮮半島エネルギー開発機構が２基の軽水炉原子力発電所を建設し，建設期間中に米国が毎年50万トンの代替エネルギーを北朝鮮に供給する約束をした。それから８年後の2002年10月，新たに発覚した北朝鮮の高濃縮ウラン開発プログラムは，既存の黒鉛減速炉の稼働を通じたプルトニウム（Pu）の抽出とは異なる追加的な核兵器開発プログラムだった。こうして北朝鮮の核開発を交渉で防ぐ最初の試みは失敗に終わった。

　第２次核危機も「対話を通じた平和的解決」が推進された。この時は米朝両者の交渉ではなく，日・韓・中・露の４カ国を含む６カ国協議が行われた。2003年８月から2007年10月までの期間に６回にわたって行われた６カ国協議は9.19共同声明（2005年），2.13合意（2007年），10.3合意（2007年）のような合意に至った。しかし，基本的には北朝鮮が一時的に核プログラムを中断する代わりに，北朝鮮にエネルギーと物資を支援するという合意の形式は，ジュネーブ合意とは異なるものではなかった。合意内容には，北朝鮮の究極の核廃棄終了時点が明示されることもなく，北朝鮮が経済支援だけを受け取り，核放棄の約束を守らなかった場合に備えた処罰条項もなかった。

　北朝鮮は６カ国協議が行われている間，第１回目の核実験（2006年10月）を実行し，国際社会を相手に瀬戸際戦術（brinkmanship）を駆使した。６カ国協議は第２次核危機の原因となった高濃縮ウラン問題については取り上げないまま，既存のプルトニウム核施設を（一時的に）凍結させる条件として，北朝鮮

に経済的，政治的恩恵を施すという愚を犯した。北朝鮮は，交渉による問題解決の期待を醸成し，国際社会の支援を受け，核開発を継続する時間稼ぎを行った。これまでの対北朝鮮の核交渉がすべて失敗に終わった根本的な原因は，交渉内容が北朝鮮に核放棄を真剣に考えさせるほど十分でもなく，また国際社会の強力な圧力が実施されることもなかったからである。

　これは他でもない，米国と中国の間での域内の戦略的競争状況に起因する。米国は1968年に核拡散防止条約（NPT）体制を確立して以来，反拡散政策の下で北朝鮮の核問題を扱ってきた。北朝鮮には核兵器開発が政権の生存カードであることから，低レベルの圧迫では，問題の解決が不可能である。核を搭載した北朝鮮の弾道ミサイル能力が高度化するに伴い，2017年11月28日に打ち上げた火星－15型ミサイルは，日本はもちろん，米国全域を射程距離内に置くことになった。米国は北朝鮮の政権崩壊や体制変更を伴っても，核問題が解決されなければならないという立場である。

　中国が北朝鮮に対する経済制裁を支持したとしても，北朝鮮を生存の脅威に陥れるレベルの制裁には反対する。金日成が指導者であった1993年5月から金正恩時代の2017年12月に至るまで，12件の対北UN安保理決議案が提出されたが，決定的な対北朝鮮制裁が行われなかったのは，まさに中国の消極的な態度に起因する。北朝鮮の核開発問題を解決するために，金正恩政権を過度に圧迫した場合，北朝鮮の政治体制が揺らいで崩壊の危険に陥る可能性を警戒するからである。韓国主導で自由民主主義体制の朝鮮半島の統一国家が誕生すれば，中国やロシアの立場からすれば，米国や日本などの友好国勢力が大陸にその影響力を拡大してしまうというシナリオを警戒しているのである。

　北朝鮮の核の脅威を前にして，南北対話をどのレベルまで推進するべきかという問題は，韓国社会で熱い論争となっている。北朝鮮の挑発を阻止し，経済制裁を加えることは必要であるが，現在の北朝鮮政権の存在を完全に無視し，強い対決だけを追求することもできないからである。北朝鮮の核問題の解決と北朝鮮社会の変化を引き出すための手段として，南北対話を活用するのであれ

ば，それは戦略的で現実的な立脚したアプローチとなろう。しかし，そうではなく対話のための対話に焦点を置くなら，北朝鮮が主張する「わが民族同士」のトラップに陥りやすい。

　北朝鮮は金日成の時代から一貫して外国勢力の介入を排除し，韓民族同士の平和を実現することを主張した。7.4南北共同声明（1972年），6.15宣言（2000年），10.4宣言（2007年）など，韓国当局との主な合意に北朝鮮は「民族」という言葉を含むことに成功したが，民族共助の究極的な目標は，韓米同盟を瓦解させ，韓国の安全保障を無防備にし，北朝鮮が主導する社会主義連邦統一国家を達成することである。北朝鮮政権は，これを可能にする軍事的，政治的環境を確保するための交渉のカードとしての核ミサイルの脅威を掲げているのだ。

　2018年まで北朝鮮が実施した計6回の核実験のうち4回の核実験は金正恩が政権に就いた2013年以降に行われた。北朝鮮は，朝鮮半島の緊張度を最高度に高めた後，2018年2月平昌冬季オリンピックを契機に韓国に対話攻勢をかけ始めた。韓米関係を悪化させ，国際社会の対北朝鮮経済制裁を瓦解させようとする通南封美戦略（韓国との融和を通じて米国を封じ込める戦略）の一環である。進歩左派性向に分類される文在寅政府は保守右派勢力に比べて，民族共助のフレームを重視する傾向が見られる。将来韓国の対北朝鮮政策のバランスを追加戦略的接近と民族共助の間でどちらに傾くかの問題は，朝鮮半島と北東アジア情勢に重要な影響を与えるだろう。

　対北朝鮮の核交渉で25年以上繰り返した挑発→制裁→交渉→合意→欺瞞→破棄→再挑発のサイクルは対話を通じた北朝鮮の核問題の解決が不可能に近いということを国際社会に明確に記した。特にトランプ政権は，北朝鮮の核ミサイル能力が完成段階に至る前に，適切な対北朝鮮措置を講じなければならないという立場だ。信頼に値する北朝鮮側からの対応が出されるまで「最高の圧力と関与」の基調を維持しなければならないという日米の立場と，米国が先に対北朝鮮敵視政策を取り下げ，対話に乗り出すべきであるという中国やロシアの立場が対峙している。

「米国が先に対北朝鮮政策を変えるべき」という北朝鮮の立場と「核問題の進展がすべてにおいて優先する」という米国の立場の間で，韓国外交はジレンマに立たされる。恐怖の粛清政治に支えられる金正恩の権力は一見強固に見えるが，北朝鮮当局の統制外にある市場経済と住民の弛緩した思想は，北朝鮮体制の脆弱性と不安定性を内包する。北朝鮮の核開発問題を越えて，朝鮮半島の統一問題は，北東アジアの未来秩序の主導権を争うという，より重要な課題と結びつくのである。

4．北東アジアの権力政治と域内秩序の展望

　国間の価値と理念が異なっても一定レベルの協力は可能であるが，権力政治という制約のために多国間協力の幅が大きく制約されざるを得ない。ソ連が崩壊した後も，NATOとEUは東欧諸国を新規加盟国として受け入れながら東進し，欧州安全保障，経済共同体の大前提であった自由民主主義という価値基準は弱体化した。結局，米欧州間の北大西洋協力の場合には，ロシアに対する牽制という軍事戦略が残っている。東南アジアのASEAN 10カ国が独自の地域協力機構として機能するのではなく，ここに日中韓（ASEAN＋3に拡大），オーストラリア，ニュージーランド，インド（ASEAN＋6に拡大），米国，そしてロシア（EASで拡大）が順番に加担したことも多国間主義に作用する力の政治の求心力を端的に示すものである。

　北東アジアの域内協力と対立の程度を決定する1次的な要因も権力政治であり，より詳細なレベルで国家間の協力パートナーを組み合わせ，その親密度に影響を与えることで，価値と制度の整合性も高まる。そうすることで国家がそれぞれ信奉する価値と制度が，国益にもつながるので，力（power）と価値（value）の機能は，相互に関連している。米国が自由と市場が拡大した北東アジアの秩序を望んでおり，韓国が自由民主主義統一を念願するのも，このような背景があるからである。

　米国と中国の間の権力政治が大きな位置を占める北東アジア秩序の不安定さ

を加速させるのが「過剰民族主義」変数である。日本と韓国の間の敵対的民族主義（hostile nationalism），南・北の間の血統民族主義（ethnic nationalism）が特に警戒してコントロールすべき対象である。国益に反する過剰民族主義が煽られる原因は，外交を国内政治の人質とするポピュリズムにある。政府のリーダーシップが，選挙や支持率など短期的な利益のために民族主義感情を刺激することはよく見られることである。日韓の過去の歴史や北朝鮮の核問題のように複雑で難解な問題であるほど，政治家たちは，理性ではなく感性の誘惑にかられやすい。

北東アジアは，万が一朝鮮半島問題が緊急事態になった場合には，より競争的な地域になるだろう。北朝鮮の核問題の行方は金正恩政権の未来，すなわち北朝鮮の突発的な事態の可能性と直結している。ソ連崩壊後，すべての社会主義圏の国が改革開放の影響を受けた後，地球上に最後に残った絶対独裁体制の北朝鮮の崩壊はむしろ時間の問題である。朝鮮半島の統一の可能性は，必然的に周辺強大国の冷厳な戦略的角逐を伴うこととなろう。北東アジア多国間主義の将来は遠くて険しい。日米間，中朝露，そして日中韓の3つの単位で分かれた協力国との間の緊張関係は，今後も長期的に持続する。

〔引用・参考文献〕

Basu, Rekha. [2016] "Japan's Apologies on 'Comfort Women' Not Enough", *The Seattle Times*, January 2, 2016.
Doyle, Michael W. [1986] "Liberalism and World Politics", American *Political Science Review*, Vol. 80, No. 4 (December 1986).
Glosserman, Brad and Scott A. Snyder. [2015] *Japan-South Korea Identity Clash：East Asian Security and the United States*, Columbia University Press..
Ikenberry, G. John. [2017] "The Plot Against American Foreign Policy：Can the Liberal Order Survive?", *Foreign Affairs*, Vol. 96, No. 3 (July/August 2017).
Keohane, Robert O. [1984] *After Hegemony：Cooperation and Discord in the World Political Economy*, Princeton University Press.
Kim, Tae-hyo. [2017] "Japan and Korea：Why Can't they Reconcile?" *The Korean Journal of Defense Analysis*, Vol. 29, No. 2 (June 2017).
Mearsheimer, John J. [1994] "The False Promise of International Institutions",

International Security, Vol. 19, No. 3 (Winter 1994/95).
Rachman, Gideon. [2017] "Trump, Putin, Xi and the Rise of Nostalgic Nationalism", *Financial Times*, January 2, 2017.
Waltz, Kenneth N. [1979] *Theory of International Politics*, McGraw-Hill.

Global Firepower (GFP). "2017 Military Strength Ranking", http://www.globalfirepower.com/countries-listing.asp (2018年2月6日現在).
IMF. "World Economic Outlook Database", October 10, 2017, http://www.imf.org/external/pubs/ft/weo/2017/01/weodata/index.aspx (2018年2月6日現在).
Voice of America. December 15, 2017, https://www.voakorea.com/a/4165065.html (2018年2月15日現在).

第8章

アジア経済統合とアジアの地域主義

1．いわゆるアジアとは：定義と概念

　「アジア」という単語がメディアや経済，学術分野で広く使用されるようになり，東アジア，アジア太平洋など従来の表現に取って代わっている。

　20世紀がアメリカの世紀であったのに対し，21世紀はアジアの世紀となるであろうと言われる。膨大な人口基盤と急速に成長を続ける経済的実力を後ろ盾としてアジアの台頭を支えるアジア経済は，世界経済の重心となりつつある。新興中産階級が増えるにつれ，域外への輸出貿易経済から，域内貿易を主体とする内向き消費傾向の市場に徐々に移行しつつあり，テクノロジーの発展と経済統合もアジアの台頭を牽引している。

　OECDの概算では，世界の中産階級人口は2030年に49億人まで膨れ上がり，その3分の2はアジアに集中するという。マッキンゼー・アンド・カンパニーのレポートによると，2015年の中国都市部人口は7.3億人であり，2022年には中国都市部において中産階級人口が占める割合は76％である。インドの場合，現在の経済成長をベースに概算した時，2025年には中産階級人口が5.8億人に達すると見込まれ，これら2大国の経済発展が世界経済の成長を牽引していくであろう。

　世界でも著名な経済予測分析機関である英国の経済ビジネスリサーチセンター（Center for Economic and Business Research：Cebr）が2017年末に発表し

図表8-1◆世界各国の経済規模の予想順位

	2018	2022	2027	2032
1	米国	米国	米国	中国
2	中国	中国	中国	米国
3	日本	日本	インド	インド
4	ドイツ	ドイツ	日本	日本
5	インド	インド	ドイツ	ドイツ
6	フランス	英国	英国	ブラジル
7	英国	フランス	ブラジル	英国
8	ブラジル	ブラジル	フランス	韓国
9	イタリア	イタリア	韓国	フランス
10	カナダ	韓国	カナダ	インドネシア

出所：筆者作成。

た報告書では，中国の経済規模は2030年に米国を超え，2032年の経済規模上位国は中国，米国，インド，日本の順となるという。実に上位4カ国のうち3カ国をアジアが占める（**図表8-1**）。

アジアの台頭は，そのスピードや注目度，影響力など，どの側面を取っても前代未聞と言ってよいだろう。そこで本章では，「アジアの台頭」をキーワードに東アジア共同体の未来を分析したい。

では「アジアの台頭」とは何を指すのであろう。アジアが1つの地域としてまとまり，域内各国の連結性が強まり，国際経済および国際政治各側面でも一体としての容貌を見せつつある。また，議題によっては国際的にも影響力を持つようになっている。このプロセス全体がアジアの台頭であると言えるのではないか。

2．アジア地域の発展：その歴史と課題

地域概念とは，地理的な近さに限らず，政治経済上の連結性や地域統合の進

展をも含む。アジアの台頭を地理的にとらえると，東アジア，東南アジア，南アジアから中央アジアまでを主としつつ，アジア開発銀行に含まれる国と地域も指す。近年，経済分野でアジアの台頭という概念が生まれてきたのは，各国経済の急速なプレゼンス増大に加え，域内各国が統合を強化しようとする意図により，クリティカルマスの効果や強調効果が発生しているからである。

2.1　日本の経済発展

　歴史的側面から見た時，第2次世界大戦後のアジア経済の発展で最も顕著なのが日本の戦後経済復興であった。第2次世界大戦後の日本政府は経済政策の展開に力を尽くしたのである。

　日本の経済成長率は1970年代に平均8％，1980年代も6％を保った。産業構造は従来の軽工業から自動車，電子，鉄鋼，造船などに転換し，工業技術は世界をリードする水準に達した。1970年代にはアジアで初めてOECD（Organization for Economic Co-operation and Development：経済協力開発機構）加盟国となり，1973年には米・英・独（当時は西ドイツ）・仏と共に先進5カ国会議（G5）組織を設立した。

2.2　アジアNIEs諸国の経済発展

　1970年からは韓国，シンガポール，台湾，香港のアジアNIEs（Newly Industrializing Economies）4カ国が「輸出主導型経済戦略」を打ち出し，労働集約型加工産業を発展させた。いわゆるアジアの4小龍，4頭の虎，東アジアモデルなどと呼ばれる短期間の経済急成長が世界の注目を集めたのである。

　アジアNIEs 4カ国の経済発展は当然ながら米国主導のグローバル化と自由経済の恩恵を受けたものであるが，同地域が効率と経済発展を最優先させる権威主義体制であったこと，さらにいずれも「儒教文化圏」で素質の高い人的資本と労働力を備えていたことから，日本や欧米諸国の技術移転などによる国際分業の一環に組み込まれたことで急速な成功を収めたのであった。中でも日本からの技術移転や産業移転に牽引される形で順に発展が進んだことから，「雁

行型」経済発展理論とも言われている。

2.3 タイガー・カブスの経済発展

アジアNIEs 4カ国の経済発展が進むと、その発展モデルに倣ったマレーシア、タイ、インドネシア、フィリピンの4カ国（Tiger Cubs Economies：タイガー・カブス）における経済発展が注目を集めた。1990年代に躍進したこれら4カ国は、アジア4頭の虎が80年代に見せた躍進を彷彿とさせるということから、4頭のタイガー・カブス（虎の子）と称されたのである。

タイガー・カブス4カ国は、欧米とアジアNIEs諸国の国際分業モデルに積極的に組み込まれようとしていたが、折悪しく1997年のアジア通貨危機の打撃を受け、健全な体質と安定した経済基礎を築くことができなかった。現在ではタイガー・カブス4カ国という表現は使われなくなっている。

2.4 アジアの龍と象

21世紀に入ると、アジアの龍と象という表現を耳にするようになる。ここでいう龍は中国、象はインドを指し、両国が抱える多大な人口と、中でも中国の世界経済、政治、軍事、ハイテク各分野における実力の急速な拡大で大きな存在感を醸し出している。

中国は経済、軍事、外交各分野で大きな役割を果たし始めており、それは米国が20世紀にアジアで果たした役割に類似している。アジアにおける米国の立ち位置を中国が完全に取って代わることは、短期的には不可能であるが、近年の中国の急速な成長がアジアの台頭を後押ししてきたことも確かである。

2016年の中国のGDPは74兆4,127億人民元（約1,190兆6,032億円）に上り、米国に次ぐ世界第2位となった。国民1人当たりの名目GDPでも中国は2025年に1.2万米ドルを超え、高収入国の仲間入りをすると言われている。

インドは、2016年のIMFおよび世界銀行のランキングでもGDP世界7位にランクされ、最も急成長している新興経済国となった。**図表8-2**に示すとおり、2014年と2015年にはGDP成長率が連続して7％を超え、2017年の7.3％は中

図表8-2◆アジア各国の経済動向（実質GDP）

単位：％

国名	2014	2015	2016	2017	2018	国名	2014	2015	2016	2017	2018
アジア新興国	6.8	6.8	6.4	6.4	6.4	インド	7.2	7.9	6.8	7.2	7.7
日本	0.3	1.2	1.0	1.2	0.6	インドネシア	5.0	4.9	5.0	5.1	5.3
中国	7.3	6.9	6.7	6.6	6.2	フィリピン	6.2	5.9	6.8	6.8	6.9
韓国	3.3	2.8	2.8	2.7	2.8	シンガポール	3.6	1.9	2.0	2.2	2.6
台湾	4.0	0.7	1.4	1.7	1.9	ベトナム	6.0	6.7	6.2	6.5	6.3

注：アジア新興国は中国，インド，インドネシア，マレーシア，フィリピン，タイ，ベトナムの7カ国。
出所：2017年4月IMFアジア太平洋地域経済見通し（http://www.imf.org/～/media/Files/Publications/REO/APD/areo0517.ashx　2018年3月31日現在）に基づき筆者作成。

国の6.6％を上回っている。

日本経済研究センターのアジア経済中期予測（2017〜2030年）によると，インドは2028年までにGDPが6兆米ドルを超え，経済規模で日本を超えて世界第3位の経済大国になると予測されている。

2.5　東南アジアの経済発展

東南アジア経済を語るうえで中心となるのは，ASEAN（Association of South-East Asian Nations）である。陸地総面積450万平方キロメートルに5.3億人の人口を有し，加盟国は発展が著しい。

ASEANはいわゆるASEAN Way（ASEAN方式）をその大きな特徴としている。すなわち，協議による相互協調，コンセンサスで意思を決定し，強制ではなく加盟国の自発的な実践により措置を実施する。これにより，ASEAN各国の特異性や意見の違いを超越することを目指しているのである。また，対外的には単一の意見を持つ勢力として大国による圧力へのレバレッジ，ひいてはアジアの地域経済統合への道のりを主導し得る力につながるとも言えよう。

2002年にはASEAN自由貿易協定（ASEAN Free Trade Area：AFTA）がスタートし，2015年末にはASEAN経済共同体（ASEAN Economic Community：AEC）が発足したことは，東南アジアの経済統合プロセスの大きなマイルス

トーンとなった。域内貿易は増加傾向にあり，近年は域内国の急速な経済成長とも相まって世界的にも注目が集まっている。

3. アジア地域主義の形成と変遷

　アジア地域という概念が生まれたのは近年のことである。アジアには古来，独自の文明が栄えていたにも関わらず，17世紀以降は西洋諸国により植民地主義と重商政策が展開され，不平等で屈辱的な地位に甘んじたため，そこから独立を勝ち取ろうとしてきた。冷戦期にも東西陣営の分断の影響を受けた時代があった。域内交流が欠乏し，一触即発の事態が出現することさえあり，現在も対立や歴史問題が完全に解決されたわけではない。

3.1　極東から環太平洋地域へ

　東アジア（East Asia）も，古くは西洋の「極東（Far East）」という欧州中心的な世界観に基づく呼称が使用されていた。第2次世界大戦後，米国が世界を主導するようになると，米国を起点とする世界地図を作成した時，東アジアは地図の東端にある「極東」ではなくなり，太平洋の西岸に描かれるようになる。60～70年代には米国と東アジアを1つの地域として連結させる太平洋海盆（Pacific Basin）という地理的概念が出現した。しかし，太平洋海盆は地理的概念に過ぎず，政治経済的意味での地域としての呼称と考えるには適さない。そこで70～80年代に生まれたのが環太平洋地域（Pacific Rim）という概念である。

3.2　アジア太平洋の概念

　アジア太平洋（Asia Pacific）という概念は80年代末期に登場した。これは米国をはじめとする北米からアジアを連結させた地域としての概念であるが，太平洋を隔てており，地理的なまとまりとは言い難い。しかし米国は冷戦から21世紀初頭にかけ，アジアの政治と経済において絶対的な主導性を有したことから，アジアの情勢変化に米国が関与しないことはあり得なかった。アジア太

平洋という概念から生まれたアジア太平洋経済協力（Asia-Pacific Economic Cooperation：APEC）はその典型例であろう。

また，アジア太平洋という概念が発展する中，アジアでは東アジアを主軸として東南アジアまでを包括した連結の強化が進んだ。政治経済面では，欧米の介入を排除しようという動きが域内の経済・貿易面での協力強化につながり，政治・外交面でも交流が進んだ結果，徐々に地域としてのまとまりが生まれたのである。つまり80年代末期に出現したアジア太平洋という概念の下，90年代には東アジアも政治的・経済的に重要な意義を持ち始めたのである。東アジアとアジア太平洋は実際には重複する部分が相当大きく，違いは米国の役割，すなわち米国がどこまで関与するかという線引きにかかっていた。例えて言うなら「東アジア主義」と「アジア太平洋主義」の綱引き状態が生まれた。これは当時，米国への依存と米国への反発という矛盾した態度がアジア各国に混在していたことを象徴的に表している。

3.3　アジア対アジア太平洋

21世紀に入ると，東アジアはさらに拡大を続ける。特にインドとパキスタンが90年代末にある程度の和解を実現し，インドは積極的なルックイースト政策を進め，東アジア，東南アジアとの関係強化に動いた。インドが東アジア首脳会議（East Asia Summit：EAS）へ参加するようになると，より広いアジアという概念が定着するようになってきた。さらにTPP（Trans-Pacific Strategic Economic Partnership Agreement：環太平洋パートナーシップ協定）やRCEP（Regional Comprehensive Economic Partnership：東アジア地域包括的経済連携）が相次いで出現すると，米国を包括したアジア太平洋主義とアジア各国を主体とするアジア主義が競争関係を展開する状況を呈するようになっている。

4. アジア経済統合の展開：CPTPP，RCEP，一帯一路

　アジア経済統合は近年，各国が主要経済戦略として推進しており，2国間の自由貿易協定から多国間の地域組織や経済統合など多様な形で進んでいる。アジアですでに発足した，あるいは近日中に発足する多国間の自由貿易協定としては，CPTPP（包括的かつ先進的TPP協定：Comprehensive and Progressive Agreement for Trans-Pacific Partnership），RCEP，日中韓FTA，アジア太平洋自由貿易圏（FTAAP：Free Trade Area of Asia-Pacific）などの地域組織や自由貿易地域の枠組みがある。中でもCPTPP，RCEPはその規模の大きさでアジア地域に大きな意義を持つであろう。また，組織ではないが，アジアの経済統合に大きな影響を与えるものとして，直近で最も注目を集めている中国の「一帯一路」構想がある。以下，それぞれについて詳説する。

4.1　CPTPP

　CPTPPの前身は言うまでもなくTPPである。TPPは2008年に米国が加入を決め，自身が主導的立場で調印にこぎつけており，米国オバマ政権のアジア回帰（Pivot to Asia）経済戦略の主軸であると捉えられてきた。TPPは，米国・日本・カナダ・メキシコ・チリ・ペルー・オーストラリア・ニュージーランド・シンガポール・ブルネイ・ベトナム・マレーシアという12カ国の加盟国で，GDPは世界の約38%を占めることから，発効の暁には経済規模世界最大の地域自由貿易地域となると期待された。

　オバマ政権はTPPを米国のアジア経済戦略に据え，アジア経済統合における米国の地位と影響力を強化することで，中国の地理経済の延伸に対抗しようとしたのである。しかし，後任のトランプ大統領は，2017年1月大統領就任3日後に行政命令で米国のTPP離脱を発表した。

　これを受けて生まれたCPTPPは2018年3月8日にチリの首都サンティアゴで正式に調印された。11カ国がCPTPPに調印することで貿易自由化をうたい，

保護主義に屈しない決意を示した。

しかし，米国不在のCPTPPは当然TPPに匹敵するものとはなりえず，CPTPPの政治的意義や域内での影響力もRCEPに及ばない。ましてや中国がアジア経済を主導しようとする力量への対抗力としての存在感も弱まっている。

4.2 RCEP

RCEPにはASEAN10カ国とASEAN対話国6カ国の計16カ国が参加しており，真の「アジア自由貿易協定」であると言えよう。域内の人口は34億を超え，GDP総額24兆米ドルは世界の3分の1を占める。RCEPは世界最大，アジア最大のFTAとして，人口が世界の2分の1，GDP，貿易額は約3割をカバーしている。

米国のTPP離脱後，RCEPはまさにアジア統合の経済的枠組みの中心となった。その発効は21世紀のアジア経済の制度的統合のスタート地点であり，アジアが北米，欧州と並ぶ世界の3大経済ブロックとして，相互に競争しつつ協調していく地位を確立するであろう。また，ペルー，チリ等，米州から加盟の意志も表明されており，RCEPがアジア太平洋地域の統合と自由化をリードする可能性も高まっている。

4.3 「一帯一路」

「一帯一路」構想は，2013年に中国の習近平国家主席が提唱したものであり，「シルクロード経済ベルト（絲綢之路経済帯）」と「21世紀海上シルクロード（21世紀海上絲綢之路）」から命名された構想である。一帯一路計画が網羅するのは，中国・モンゴル・ASEAN10カ国・南アジア8カ国・西アジア18カ国・中央アジア5カ国・CIS（Commonwealth of Independent States：独立国家共同体）7カ国・中東欧16カ国の合計66カ国であり，人口は世界の65％，面積は41.3％，GDP総額では約3割を占める。地域間の相互交流や相互貿易が積極的に行われず，インフラ建設や経済貿易の制度に遅れが見られる国がほとんどである。一帯一路の目標は，建設事業や投資を通じ，域内の国同士や地域同士に連結を

もたらし，新興市場を形成していくと共に地域の統合を促進することにある。

2014年に中国政府は400億米ドルを出資し，「シルクロード基金」を設立，一帯一路周辺国のインフラ建設，開発，産業協力など各種プロジェクトに融資を開始した。2017年5月14日には，「一帯一路国際協力サミットフォーラム」が北京で開催され，29カ国の首脳に加え，130カ国超，70あまりの国際機関から約1500名が参加した。開幕式典で習近平主席は，シルクロード基金への増資1,000億人民元と，基金や融資など様々な方式で7,000億人民元超を提供することを明らかにした。資金総額や投資プロジェクト内容からいっても，一帯一路は一国が推進するものとしては最大規模の海外投資行動である。

一帯一路は，中国政府がアフロユーラシア大陸の新興経済国家を網羅した「中国版マーシャル・プラン」と言っても過言ではない。中国の商業的利益やソフトパワーを拡張する方法であるにとどまらず，中国が域内大国から世界の大国へと進むための重要な経済外交戦略である。

5．米中覇権争いとアジアの台頭：
　「ツキディデスの罠」と「キンドルバーガーの罠」

アジア経済の統合で共同体への道のりが見えてきたことは吉報だが，統合を深めるうえで大きな課題が存在するのも事実である。アジア各国の現状として，貿易面では中国に依存を深めているが，安全保障面では依然として米国との軍事同盟に依存しているのである。

こうしたねじれについて，国際関係学では，米国と中国の権力関係の変化を「ツキディデスの罠」（Thucydides Trap）と「キンドルバーガーの罠」（Kindleberger Trap）という議論で分析している。前者は，現時点ではその可能性は高くなっていないが，米中両大国はいずれ一戦を交えることになると論じるもので，後者は新覇権国の中国には新秩序を確立，または再建する力はなく，国際社会には混乱が訪れ，中国はアジアという基盤で利益と安定を目指すと考える論である。

5.1 「ツキディデスの罠」

ツキディデスの罠は，古代ギリシャの歴史家ツキディデスが著書「ペロポネソス戦争」で著した概念に由来するもので，アテネ（覇権国）とスパルタ（台頭する大国）の間に勃発した戦争は必然であったと指摘する。

西洋諸国は，中国の台頭，中でも中国人民解放軍の予算増加と兵器現代化に対して猜疑心や憂慮を抱いており，米国の軍事戦略およびアジア太平洋における展開でも，中国人民解放軍を仮想敵国とせざるを得ない。習近平政権でもこうした憂慮は理解しており，2014年１月に米国メディアのインタビューでは，「ツキディデスの罠」に陥らないようにすべきであると語った。

この議論について筆者は一歩踏み込んで考えてみたい。第２次世界大戦前という時代背景を考えた時，大国の台頭や覇権の獲得とは，基本的に土地を占領し，主権を拡張することで展開され，戦争がある意味，合法的な手段であったのではないか。限りある資源と土地という状況下では，大国同士は自然と戦争方式で衝突を解決するであろう。

これに対して現代はどうであろうか。現代の大国の思考回路は，領土占領，核兵器による威嚇や壊滅的威力を見せつける方向には働かない。大規模な戦争は，経済に破壊的衝撃を与えることに思考が及ぶ。現在の大国の台頭とは，経済利益と国際秩序の主導を主な目標とする動きである。

したがって，米中が「ツキディデスの罠」に陥り，戦火を交えるであろうという議論は，センセーショナルで耳目を集めはするが，専門家や研究者の観点から言えば憂慮には当たらないと筆者は考える。

5.2 「キンドルバーガーの罠」

もう一方の「キンドルバーガーの罠」であるが，キンドルバーガーとはマーシャル・プランの発案者である国際経済学者の名前である。1930年代の大恐慌後とその後発生した第２次世界大戦の主な原因は当時の覇権国である英国が深刻な衰退を呈し，国際金融経済の秩序を支えることができなくなり，国際連盟という国際秩序を単独で率いることができなくなったことにあると指摘した。

この時，米国は世界の大国としての力量を有していながら，上院が否決したため国際連盟に加盟できず，国際秩序という公共財を提供しなかった。これが結果として世界に権力の真空状態を生み，そこに発生した国際金融システムの崩壊が世界大戦につながった，というのがキンドルバーガーの分析である。

「キンドルバーガーの罠」で強調されているのは，国際経済システムを安定させるためには，強力な指導者もしくは指導者集団が国際公共財を提供する必要がある点である。第２次大戦後は，米国がブレトン・ウッズ体制やGATT設立による貿易自由化の推進などにより国際金融経済の秩序を構築することで覇権としての役割を果たしてきた。

ところが現在，米国の国力が陰りを見せ，自身が作り上げてきたルールに自ら違反する傾向が見られる。トランプ政権発足後は，アメリカ第一主義を掲げ，TPPやパリ協定（気候変動抑制に関する多国間の国際的な協定）からの離脱を表明した。これは現行国際秩序の基礎をさらに蝕み，国際自由経済秩序は崩壊への道をたどろうとしている。

また，世界の主要国では国内社会の矛盾が顕在化し，大国間のゲーム理論的戦略や地政学的衝突などが浮上することで，グローバル化瓦解のリスクが上昇している。こうしたことから，世界は「キンドルバーガーの罠」に向かっていると憂慮する議論が展開されているのである。

この文脈で中国をとらえる時，中国はこの空白を埋める力量を持ち，責任を引き受ける意欲を持っているだろうか。2017年に習近平国家主席は自由経済とアジアの統合を支持すると何度か強調しているが，現在の中国の国力は，米国という覇権が提供した国際経済秩序を米国に代わって担うほどに達していないと見られる。

ただし，すでに大多数の国家が国際経済システムに組み込まれ，各国の利益は密接に関連していることから，政策決定も国際的，多国間の枠組みで進められている。その中で中国がリーダーとしてシステムを維持するための役割を果たすことについては，中国の意志は明確になっている。したがって，キンドルバーガーの罠は回避できるのではないかと筆者は考える。

6．アジアの台頭：世界の枠組み再編

　アジアは域内の経済発展により地域統合が加速化し，CPTPPやRCEP，一帯一路の推進に後押しされ，国際政治経済に影響を与える重要な地域となっている。また国際権力構造や世界情勢を左右するとも言われる。つまり，アジアが1つの地域としてまとまることで，国際政治経済分野でも欧米に比肩する，あるいは欧米を超越する地位と影響力を持ち始めている。

　しかしながら，アジアの台頭は楽観的な見通しばかりではない。逆に，今後直面すると思われる課題は，経済統合による利益を超えるほど深刻であるかもしれない。

　なぜなら各国の経済発展と政治的安定は未知数の変化をはらんでおり，サブリージョンと国家の間には経済・政治・宗教・文化など依然として大きな差異が存在する。北朝鮮核兵器問題もアジアの安全と平和に衝撃を与え，日本・インド・中国などの大国間にも軍事衝突の危機が発生する可能性もある。背景に歴史問題や地政学的利益の深刻な衝突が潜んでいる場合や，民族主義的な相反，敵視も排除できない。

　アジア経済統合への道のりは依然として容易ではない。軍事的安全保障問題，領土紛争に留まらず，経済発展レベルの激しい落差，政治制度や文化宗教など経済以外の面での大きな格差が存在する。これは多国間貿易交渉で合意を達成しにくい原因の1つにもなっており，欧州で生まれたEUに比べるとアジアの統合は決して容易ではない。しかしながら，近年の統合への動きは専門家も意想外の展開であり，様々な要素が相まって勢いが付き，一気に実現する可能性ももちろんある。アジア経済統合は現在進行形である。

〔引用・参考文献〕

Graham T. Allison, [2017] *Destined for War: Can America and China Escape Thucydides's*

Trap? Boston: Houghton Mifflin Harcourt.（藤原 朝子訳『米中戦争前夜――新旧大国を衝突させる歴史の法則と回避のシナリオ』ダイヤモンド社）

Joseph Nye, [2017] "The Kindleberger Trap," *China-US Focus*, March 10, 2017, https://www.chinausfocus.com/foreign-policy/the-kindleberger-trap

John Ikenberry, [2008] "The Rise of China and the Future of the West: Can the Liberal System Survive?" *Foreign Affairs* 87:1（January/February 2008）: 23–37.（『中国の台頭と欧米秩序の将来』フォーリン・アフェアーズ・リポート2008年1月号https://www.foreignaffairsj.co.jp/articles/200801_ikenberry/）

Mireya Solís & Jeffrey D. Wilson, [2017] "From APEC to mega-regionals FTAs: the evolution of the Asia-Pacific trade architecture," *Pacific Review*, 30:6, Mar 2017, pp. 923-937.

John Ravenhill, [2016] "The Political Economy of an "Asian" Mega-FTA: The Regional Comprehensive Economic Partnership," *Asian Survey*, Vol. 56 No. 6, November/December 2016, pp. 1077-1100.

第3回アジア経済中期予測　報告書「デジタル・アジア5.0――イノベーション力が変える勢力図」https://www.jcer.or.jp/research/asia-fct/detail5291.html（2018年3月3日現在）

第9章

東アジア共同体が克服すべき課題：歴史的視点を中心にして

1．課題山積の東アジア共同体への道

　東アジアの共同体を考える時，誰もがためらいを感じる。なぜなら，多くの人は夢物語と考えており，実現可能と考える人々のことを「ユートピアン」と見なすと考えているからだ。確かに実現するとしても，それは遠い未来の話で，現在その詳細を語るべき問題ではない。しかしながら実現を阻む理由を考え，実現への道程に立ちはだかる障害の除去方法を考えることは無益ではない。以上の問題意識に基づき，東アジア共同体が実現に向けて克服すべき課題を，歴史的視点を中心に議論することを本章の目的としている。

1.1　共同体：定義と成立要件

　東アジア共同体の成立を考えるうえで一助となるのは，欧州の共同体，すなわち欧州連合（European Union: EU）の成立とその歴史的過程である。欧州連合は，度重なる凄惨な戦争を経験した結果，欧州の独仏2大国の指導者が不戦の誓いを立てた成果である。その構想は戦前から存在していたが，政治的構想を具体的に政策的に策定し，さらに政治的リーダーシップを発揮して，政治的共同体としての超国家的機関を実現した結果なのである。

　確かに，アジアと欧州との違いは大きい。その同異に留意しつつも，欧州の経験を手がかりに，東アジアにおける課題や共同体成立に至る要件，さらに未

解決の難題を理解することを本章の目的としている。

1.1.1 政治的「共同体」の定義

最初に超国家的機関としての政治的「共同体」の簡単な定義を考える。共同体を一般的に考える時，国民国家という政治的「共同体」のほかに，(1)家族や町村等の血縁的・地縁的共同体，(2)企業や生活協同組合等の経済的共同体，(3)非営利団体や宗教団体等の社会的・宗教的共同体という他の共同体をも含んだ広く，またある意味「ゆらぎ」をもった共同体概念が存在する。政治的共同体の定義に際し，厳密に議論するには国際法の知識が必要で，それについては専門書（例えば杉原高嶺ほか [2012]）を参照されたい。しかし，本章の目的から考えれば厳密な定義は不要であろう。ここでは日本や中国といった主権国家を独立構成単位とし，主権国家の間に，特定の国家主権を「共同体」に委譲し，自国の主権を制約するという一定の契約条件を設けた1つの超国家的機関として定義する。

1.1.2 共同体成立の要件

共同体の成立要件を，欧州連合の経験に則して考えてみる。欧州連合の成立要件は，(1)共同体に属する主権国家に住む住民と加盟した主権国家の領土，(2)政治組織としての超国家的機関，(3)共同体以外の主権国家に対する関係を成立させる能力（外交能力），以上3点である。

欧州連合が初期的段階である欧州石炭鉄鋼共同体（European Coal and Steel Community: ECSC）設立に合意したのは1951年。当時の条約締結国はフランスと西ドイツ，そしてイタリアとベネルクス3国という6カ国であった。その後，この共同体は6段階にわたり拡大し，2018年現在，加盟国は28カ国に達した。だが，留意すべきは直線的拡大でない点だ。第1次拡大の1973年，加盟予定のノルウェーが国民投票により加盟を拒否し，1985年にはデンマークのグリーンランド自治政府は住民投票よって脱退を決定している。そして2016年には国民投票により英国が脱退を決定した。

第9章　東アジア共同体が克服すべき課題：歴史的視点を中心にして

図表9-1◆東アジアに関する様々な対象主権国家群

国家群	東アジアⅠ (狭義の東アジア)	東アジアⅡ (地理的概念に基づく定義)	東アジアⅢ (経済統合を念頭にした定義)
構成国	日本，中国，韓国 (含香港・澳門，台湾)	日本，中国，韓国 (含香港・澳門，台湾) 北朝鮮，モンゴル	日本，中国，韓国 (含香港・澳門，台湾) ブルネイ，オーストラリア，カンボジア，インド，インドネシア，ラオス，マレーシア，ミャンマー，ニュージーランド，フィリピン，シンガポール，タイ，ベトナム

注：東アジアⅢは，東アジア地域包括的経済連携（RCEP）加盟国を念頭にした国家群。
出所：筆者作成。

さて，(1)東アジア共同体に属する主権国家とその住民であるが，歴史的経緯が複雑に絡まっているため，**図表9-1**で示したとおり，政治経済的あるいは社会文化的な近接性に基づく東アジア共同体の範囲を簡単に決めることは難しい。ここでは簡便策として議論の対象を原則的に最も狭義の定義（図表における東アジアⅠ）に焦点を絞り，日本，中国を中心とする中華圏（香港・澳門および台湾），韓国を東アジア共同体に属する主権国家と考える。

重要な成立要件は上記のうち(2)政治組織としての超国家的機関と(3)外交能力である。すなわち，いかなる形で共同体内の主権国家が，前述した契約条件を，共同体内の他の主権国家および超国家的な政治組織との間で創設・維持できるかという点である。この点に関し，欧州連合は19世紀の共同体構想から，1951年の欧州石炭鉄鋼共同体（European Coal and Steel Community: ECSC）の成立をはじめ，第2次世界大戦後における実現過程において数多くの紆余曲折を経験してきた。そして今現在，政治経済的な求心力は陰りを見せており，英国の離脱問題も発生し，将来が見通せない状況である。また(3)外交能力についてみると，現在，欧州連合はアラブ諸国等の域外からの移民問題に関し，共同体内の意思統一に苦労している。この結果，今現在の外交能力が脆弱であるため共

同体の内部で不協和音が発生している。

1.2 共同体の史的考察

　欧州連合は前史を含めれば極めて永い歴史を有している。古代ローマ帝国の時代，欧州のほとんどが帝政下にあり，中世まではキリスト教よって，同じ社会的価値体系が欧州全域で共有されてきた。そして世界初の大規模国際会議である1648年のウェストファリア条約が締結された時以降，欧州政治は，近代的な主権国家が主たる構成要素となったのである。

　その後，**図表9-2**が示すように19世紀にはナポレオン（Napoléon）やユゴー（Hugo, V.M.）が，20世紀にはクーデンホーフ＝カレルギー（Coudenhove-Kalergi, R.N.E.）やチャーチル（Spencer-Churchill, W.L.）が欧州共同体の構想を発表した。彼等の政治的発言を基に，第2次大戦後，1947には欧州評議会（Council of Europe）が創設され，1949年には北大西洋条約機構（North Atlantic Treaty Organization: NATO）が発足し，ついに1951年には欧州石炭鉄鋼共同体設立に合意したパリ条約が調印された。

　欧州連合は超国家的機関として完璧ではないにしても，多くの点で一応の成功を収めてきた。だが前述したように，この超国家的機関が十分な外交能力を確立し得たかどうかについては疑問点が多い。特に共通の国防政策に関しては，図表9-2に示したとおり，1952年に欧州防衛共同体（EDC）設立の条約に合意したものの，フランス国内政治（国民議会におけるゴーリストの反対）のために発効しなかった。次の共通外交政策への試みとしてド・ゴール（de Gaulle, C.）大統領は1961年にフーシェ・プランを提案したが，オランダの反対に遭い否決された。

　外交政策に関する第3次改革として，1970年に欧州政治協力（European Political Cooperation: EPC）が創設されることとなった。とはいえ，その外交能力はいまだに十分ではなかった。なぜならば1979年のソ連によるアフガニスタン侵攻や1991年から5年間続いたユーゴスラビア紛争では，その脆弱性が露見したからである。そしてEPCは，1993年のマーストリヒト条約によって，共通

第9章　東アジア共同体が克服すべき課題：歴史的視点を中心にして

図表9-2◆欧州連合（EU）小史

年代	事項
1821	ナポレオンの平和的な欧州統合に関する言葉。
1849	ヴィクトル・ユゴーが，パリで開催された第3回国際平和会議で「欧州合衆国」発言。
1923	リヒャルト・クーデンホーフ＝カレルギー，『パン・ヨーロッパ』を発表。
1943	ウィンストン・チャーチルの「欧州評議会」創設のためのラジオ演説。
1946	ウィンストン・チャーチルのチューリッヒ大学での「欧州合衆国」創設発言。
1947	欧州評議会（Council of Europe）設立。
1949	北大西洋条約機構（NATO）発足。
1951	パリ条約，欧州石炭鉄鋼共同体（ECSC）設立に合意。
1952	欧州防衛共同体（EDC）設立の条約に合意，発効せず。
1954	修正ブリュッセル条約に基づき西欧同盟（WEU）設立。2011年活動停止。
1957	ローマ条約，欧州経済共同体（EEC）と欧州原子力共同体（EURATOM）の設立に合意。
1961	ド・ゴール大統領，共通外交政策を企図したフーシェ・プランを提案するが失敗。
1965	ブリュッセル条約，ECSC, EEC, EURATOMを1967年に統合することに合意。
1968	欧州関税同盟完成。
1970	欧州政治協力（EPC）創設。
1972	EECによる単一の為替変動幅を創設。
1973	第1次拡大：デンマーク，アイルランド，英国が加盟し，9ヵ国の共同体に。
1979	欧州議会，初の直接選挙。欧州為替相場メカニズム（EMR）発足。
1981	第2次拡大：ギリシャが加盟し，10ヵ国の共同体に。
1985	第1次シェンゲン協定。デンマークのグリーンランド自治政府は住民投票により脱退。
1986	単一欧州議定書（SEA）調印。ローマ条約を大幅改定。1987年発効。 第3次拡大：スペイン，ポルトガルが加盟し，12ヵ国の共同体に。
1990	英国，EMRに参加。しかし1992年に離脱。第2次シェンゲン協定。
1992	マーストリヒト条約（欧州連合条約）調印，翌年，欧州連合（EU）発足。
1994	EUと欧州自由貿易連合（EFTA）とが欧州経済領域（EEA）を発足。
1995	第四次拡大：オーストリア，フィンランド，スウェーデンが参加し，16ヵ国の共同体に。
1997	アムステルダム条約調印。ローマ条約・マーストリヒト条約を大幅改定。
1998	欧州中央銀行（ECB）設立。
2001	ニース条約調印，拡大に向けた機構改革。
2002	現金通貨としてのユーロ導入（決済用仮想通貨としては1999年）。
2004	第5次拡大前半：キプロス，チェコ，エストニア，ハンガリー，ラトビア，リトアニア，マルタ，ポーランド，スロバキア，スロベニアが加盟し，25ヵ国の共同体に。
2007	リスボン条約（改革条約）調印。2009年発行。これにより法人格EC消滅。 第5次拡大後半：ルーマニア，ブルガリアが加盟し，27ヵ国の共同体に。
2013	第6次拡大：クロアチアが加盟。28ヵ国の共同体に。
2016	英国，EU離脱に関する国民投票。

出所：EU関連資料を基に筆者作成。

外交・安全保障政策（Common Foreign and Security Policy: CFSP）に交替され，2007年に締結されたリスボン条約が発効した2009年にはさらなる組織的強化がなされた。

2．歴史的考察における主要課題

2.1 東アジア共同体における3つの主要課題

　東アジア共同体を考える時，欧州共同体の経験から学んだことは，具体的な超国家的組織の設立の前に問うべき問題が3点存在することだ。すなわち⑴域内共通の政治的動機や思想が生まれているかどうか，⑵またそうした政治的動機や思想を，共同体内の指導者達が同程度に共有し，そして信頼を通じ産官学の公衆に働きかけて，政策として超国家的機関の創設を実現することができるかどうか，さらに⑶そうした超国家的機関が外交能力を発揮することができるかどうか，という3点である。

2.1.1 東アジアにはなかった共同体創設の政治的な動機と思想

　欧州史に比して，東アジアの共同体創設の政治的動機や思想は極めて浅い。単に古い歴史という点からすれば，ヘーゲル（Hegel, G.W.F.）が『歴史哲学』(*Vorlesungen über die Philosophie der Geschichte*) の冒頭で語る通り，東アジア，なかんずく中国の歴史は極めて古い。だが，国際関係論としてみた同地域は，紀元前3世紀から紀元5世紀の漢の時代以降，東は朝鮮，南はベトナムとの間に中国を頂点とする厳格なヒエラルキー的な華夷秩序に基づく冊封体制が形成されていた（西嶋定生［2000］）。

　冊封体制は，その起源において中国国内政治の体制であったが，中国が統一されるにしたがって，朝鮮やベトナムへと外延的に拡大していったのである。朝鮮やベトナムは朝貢国として政治的服従を示し，交換条件として宗主国の中国からの侵略を回避するという政治的利益を，加えて儒教・仏教等の中国文明を吸収するという経済的・文化的利益を享受できた。こうしたことから，東アジア政治の中心に位置する中国にとって国際関係の地位における水平的志向に基づく共同体的な発想は皆無であったと言えよう。

2.1.2　短命に終わった日本の共同体的超国家的機関を求める思想

ただし東アジアの冊封体制は，西欧の国際関係に比して厳密なものではなく，中国を中心に外延的にその正当性は希薄になっていった。特に日本にとって朝貢という意識は極めて希薄であった。それは『隋書』に記録されているように，聖徳太子が隋に送った国書の中に「日出ずる処の天子，書を日没する処の天子に致す。恙(つつが)なきや」とあることからも分かる。古来日本には，中国に接する朝鮮とは異なり，冊封体制の圏外に在るという意識が存在していた。したがって，東アジアで共同体的な政治思想に基づき，超国家的機関を構想する可能性を秘めた国家は，日本だとも類推できる。

ただ，本章の冒頭で述べたとおり，東アジア共同体を考える際に欧州共同体の経験を参考にするといっても，東アジアと欧州との間には歴然とした差が存在する。それが故に，なにもかも欧州の経験を参考に東アジア共同体の成立過程を考えるわけにはいかない。事実，米国の政治学者ジョージ・ケナン(Kennan, G.F.) が語るとおり，欧米の近代的な国際関係概念を単純に東アジアに適用して理解しようとしても極めて無理があるのは当然のことである（ケナン［1952］）。

したがって西洋列強諸国が東アジアとの接触を緊密化しはじめた19世紀中葉，正確には1840～1842年（清と英国の間で戦われた阿片戦争）と1856～1860年（清と英仏の間で戦われたアロー戦争あるいは第2阿片戦争）における戦争において，東洋の宗主国たる清（中国）ですら，欧米列強に対抗する外交・軍事力を有していないことが明白になった。東アジアの小国たる日本は，欧米列強との間で政治経済的な不平等条約を結ぶことを余儀なくされ，外交政策は国を閉ざし夷敵を打ち払う政策（鎖国攘夷）から，和魂洋才に基づき富国強兵を図る政策（開国攘夷）に転換したのである。

かくして東アジアにおいてグローバルな視点から，しかも中国を頂点とするヒエラルキー色の強い冊封体制とは異なる形で，共同体創設の動きは維新後の日本で生まれたのである。その初期的提唱団体の1つがアジア主義を唱え，1880年に設立された興亜会である。興亜会はその共通認識として(1)欧米列強，

特に東進するロシアのアジアに対する抑圧，(2)日中朝の地理的近接性，(3)日中朝の文化的・人種的類似性，(4)欧米に対するアジアにおける連携の模索，以上4点を唱えていた。そして素朴で洗練されてはいないものの欧州共同体の政治思想に似た共同体への志向を内包していたのである。ただこの時，日中間では対等意識が支配的であった一方で，日朝間に関しては対等と考えるグループと朝鮮に対して日本が近代化の面で一歩進んでいるが故に優越感を覚えるグループとに分かれていた（黒木彬文［2005］651頁）。

2.1.3　20世紀前半にアジアの盟主たらんとして挫折した日本

　ところが日本の平等を尊ぶ共同体への思いは短命に終わった。逆に1885年には「脱亜入欧」に，また1914年，「八紘一宇」に考え方が移ったのだ。中国と共に共同体創設に向おうとせず，アジアにおける盟主たらんとした。

　これに関し徳富猪一郎（蘇峰）が，新聞の『国民之友』と『国民新聞』に載せた文章をまとめて1894年末に出版した『大日本膨張論』の中の記述は，当時における日本の対外的態度における豹変ぶりを見事に示している。同書の前半部分では「吾人（日本）は彼（世界）を知れり，知り過ぐる程知れり。然れども己を知られず」と述べている（同書，31頁）。ところが同書の後半部分に入ると「吾人は清国に勝つと同時に，世界にも打ち勝てり」と述べ（同，113頁），結論に向かう部分では「天下を狭しとするの精神，此に於て生じ，四海に横行するの元気，此に於て来り。世界を家とするの規模，此に於て湧く」と記している（同，134頁）。

　こうした「世界を家とする規模」の志は拡大し，1914年には宗教家の田中智學が「八紘一宇」という造語を生み出し，1945年の敗戦まで，自らの国民のみならずアジア諸国の恨みを買う程に，武力によって共同体（「大東亜共栄圏」）の名を借りつつ，侵略戦争に邁進したのである。

　惜しむらくは朝河貫一による警世の書の存在である。日清・日露の戦勝後の1909年，朝河は『日本の禍機』を著し，当時の日本の指導者や知識人が謙虚な態度で熟読しておけば，少なくとも1914年の対華21カ条のような隣国に永い期

間恨みを買うようなことはなかったに違いない。

　もし当時，日本帝国の日露戦争の戦勝により近代化に目覚め始めた中国と共に，対等の超国家的組織の思想的基礎を形成していたならば，日本の台頭に対して1939年にカー（Carr, E.H.）が『危機の二十年—理想と現実』（*The Twenty Years' Crisis, 1919-1939*）の中で弁護した"Pax Japonica"も部分的には実現可能だったのでは，「歴史における"if"」を夢想する誘惑に駆られてしまう。

2.2　戦後からの再出発：東アジア共同体を求める迷走

　太平洋戦争終結時，東アジアにはひと時として平和が訪れることなく，新たな米ソを両極とする冷戦が始まった。皮肉なことに，こうした事態は少数だが優れた人々により10年以上前から予見されていた。そのうちの1人が1935年に駐華米国公使であったジョン・マクマリー（MacMurray, J.V.A.）だ。彼はワシントンに提出した，いわゆる「マクマリー・メモランダム」の中で，1935年における米国の外交政策と中国の対外姿勢は，必然的に日米の軍事衝突に至ることを予見した。しかもその戦争が，たとえ米国海軍が高い犠牲を払って日本帝国海軍を撃滅し，米国の勝利に終わるとしても，日本と極東，さらに世界全体にとっても著しい不幸となることを予見していたのである（マクマリーほか［1998］186-187頁）。ちなみにケナンも前述の著書の中（75-76頁）で，マクマリーの慧眼を讃えている。

　中国にも戦後の混乱を予見していた人がいた。それは当時勢力を拡大させていた中国共産党に警戒感を懐いていた国民党の軍人何応欽（He, Y.）である。岡村寧次帝国陸軍大将は回顧録の中で，1933年，塘沽（タンクー）協定直後の交渉で，マクマリーと同様の予想を関東軍参謀副長だった当時の岡村将軍に語っている（舩木繁［1984］『岡村寧次大将』河出書房新社 273頁）。

　ではなぜ，米国の外交官や中国の軍人が予見したことを，東アジアに住む日本や中国の指導者は予見能力がなかったのだろうか。実はこの問題は，共同体の行く末を見通すための洞察力として極めて重要である。

2.2.1　共同体形成を阻む東アジアの特殊要因：戦前日本の軍国主義

　日本の指導者は当時，多くの文献が指摘しているが，1936年の二・二六事件に象徴されるとおり軍部の政治介入により，正確な国際情勢判断をする能力や的確な政策を実現する能力を奪われていたのである。このために日本は，東アジアで初めて西洋が対等に対応しようとする地位にありながら海外との情報交換を軽視し，したたかな主権国家としてその地位を利用して政戦略を巧みに展開することができなかった。

2.2.2　共同体形成の基礎となる文化的・宗教的共通価値観の欠如

　日本の東アジア共同体創設に対する政治的動機が弱く，短命に終わった背景には，欧州に比して，東アジア域内における比較的安定した華夷秩序が長く継続したために，東アジアの一員たる日本も潜在意識的に華夷秩序が体内奥深くにまで染み付いている点を指摘しておきたい。

　欧州では，階級を問わず，質の高い情報交換が，国境を超えて盛んに行われていた。例えば，ナポレオン戦争の際，1808年，ドイツの文豪ゲーテ（Goethe, G.W.v.）は，ナポレオン皇帝から会見を求められ，『若きヴェルテルの悩み』（Die Leiden des jungen Werthers）について鋭い質問を受けたことを，後年「ナポレオン会見記」（"Unterredung mit Napoleon"）の中に記している。翻って，中国の皇帝や大学者が日本の儒学者である荻生徂徠の著書『蘐園随筆』について議論することを考え得たであろうか。

　かくして東アジアでは華夷秩序を取り除くことが大きな障害として重くのしかかる。例えば日本側が中国に対し対等の意識を持っていたとしても，中国側は日本に対し対等の意識を懐いたことはない。その例として1980年に刊行された香港大学の研究書（譚汝謙主編『中國譯日本書綜合目錄』中文大學出版社）が挙げられる。これによれば日本の書籍のなかで中国語に翻訳された書籍は1660から1867年の間でわずか4冊，1868年から1895年の間わずか8冊しかなかったのである。

3．共同体設立の歴史を織り成す政治的リーダーシップ

3.1 欧州における政治的リーダーシップ

　欧州の歴史を概観し，(1)政治組織と(2)外交能力の点に関し，必ずしもすべてが順風満帆に進展しないことが理解できた。戦後におけるアジア政治史を顧みて1990年代以降に盛り上がった日本での共同体成立への議論も，日中韓の主要国間の様々な摩擦により，現在暗礁に乗り上げたかの様相を示している。そして2003年設立の東アジア共同体評議会（Council on East Asian Community: CEAC）や2013年設立の東アジア共同体研究所（East Asian Community Institute: EACI）の活動もいまだに際立った活動が見られない。

　全体の利益のために特定の主権を超国家的組織に委譲するには，社会的現実として「支配と指導」が不可欠になってくる。こう考えると，前述の図表9-2で見た指導者達は史上稀なる政治的リーダーシップを発揮した。

3.1.1 欧州の英雄達が残した言葉

　ナポレオンは，「私は欧州を武力によって制圧せざるをえなかった。今日では欧州を説得しなければならない」と武力による欧州統一の試みを反省している。また仏英関係に関し「英国と戦うか，それとも世界の通商を英国と共有するか」という選択肢しかなくとしてナポレオンは後者を指示した。そして後世に向け「欧州を切っても切れない連邦制度のつながりの下に集めること。今日ではまだ野蛮で未開拓の，全世界にキリスト教と文明との恩恵を伝播する。これが私の息子の全思想の目的でなければならぬ」と語った（オプリ［1941］『ナポレオン言行録』岩波書店）。

3.1.2 ユゴー等の言葉

　文豪であるユゴー，ジャーナリストであるクーデンホーフ＝カレルギー，そして英国首相であるチャーチルは，凄惨な戦争に関して，超国家的組織による

防止・調停・解決を希求したのであった。ここで注視すべきは，欧州の共同体が成立の初期段階で，政治，経済，文化，さらに軍事といった分野で共同体形成の努力が多元的に行われことである。しかもそれらは数多くの政治家や実業家，さらに文化人が政治的リーダーシップを発揮したという，国際的な人的協力が，上記の共有された構想思想とともに各界の指導者間に存在する信頼に支えられて，最終的な超国家的機関が具現化されたのである。

3.2 東アジア共同体に向けたリーダーシップ

　東アジアにおける政治的リーダーシップを果たしたのは一体誰か。前述した興亜会に参画したのは，元福井藩士の渡辺洪基(ひろもと)や元幕臣の榎本武揚であり，会員には日本人以外にも中国や朝鮮の外交官が含まれていたという。主要人物の1人である渡辺洪基は，慶應義塾を卒業し，岩倉使節団に参加し，東京都知事，初代東京帝大総長，さらに外交官などで活躍した人物である。また自由民権運動の活動家も入っていたという。

　だが1884年，明治維新の成功に影響を受け，朝鮮から日本に援助を求めてきた金玉均等の親日の開化派がクーデター（甲申事変）で敗退し，朝鮮では親中派が支配的になると，福沢諭吉は1885年に『脱亜論』を発表した。その後は，日本のアジアにおける政治思想は，平岡浩太郎や頭山満を代表とする玄洋社が台頭して対外積極姿勢に転じていった。そして日清戦争と日露戦争という戦争に勝利した日本は，さらに自らの優越感を強め，中国に代わって日本こそが，東洋の盟主として華夷秩序の頂点に立つべきと政治的な思想として支配的になったのである。

　ただ忘れてならないのは，そうしたなかでも最後まで日中関係を対等かつ協調的に強化しようとした人がいたことを忘れてはならない。外交官としての赤塚正助や有吉明，軍人の岡村寧次，実業家の安川敬一郎や梅屋庄吉，文化人の中江丑吉は，最後まで優れた中国側から尊敬され，日中両国の関係が悪化してゆくなか，無念な思いと無力感を懐いていた人達であった。ただ，残念でならないのが，彼等が1930年代から40年代にかけて，日本における多数派ではな

かったことである。

4. 未来に向けた新しい歴史を創る努力

4.1 東アジア共同体に関する中長期展望

　本章を通じて浮き彫りになったことは，東アジア共同体の形成に際して，(1)超国家的組織と(2)共同体としての外交能力を「正の遺産」として積み重ねてゆく努力を幾世代にもわたって行う必要があるという点だ。グローバル化と情報化が進展するなか，地球上の事件は直ちに世界中に波及する。その意味でわれわれはこれまで以上に共同体の重要性を認識する必要がある。

　さて東アジアの将来に関し，楽観・悲観双方の考えが乱立している。最後に「転ばぬ先の杖」として代表的な悲観論とを紹介して議論を進めたい。

4.1.1　警戒すべき「負の遺産」を後世に残す危険性

　米国の研究者であるマイケル・オースリン（Auslin, M.）は，近著『アジアの終わり』（*The End of the Asian Century*）の中でアジアが内包する5つの危険性を指摘している。その5つの危険性とは，(1)経済成長，(2)人口動態，(3)民主政治，(4)域内の超国家的機関，(5)軍事的対立を指し，内容は**図表9-3**（次頁）に示したとおりである。

　今後の日本を含む東アジアは，その5つの危険性に関して十分配慮して，問題解決を行う必要があるが，「危機を好機に転ずる」気概を持ち次のような対応が必要であろう。すなわち，(1)技術革新と市場制度改革に積極果敢に実施して経済成長率を高める。(2)少子化対策を実施することにより，人口減少をできるだけ早く，増加に転じるようにすると同時に，高齢者就労・高齢者自立支援を促進させる。(3)不正や隠蔽を減らして日本型民主主義体制の強化を図り，(4)他国と協力して，「過去を冷静に見つめる」歴史教育を実施し対立を抑制し，同時に建設的・協力的な超国家的機関を設立・改善する。(5)国境問題を中心に突発事態・緊急事態の際の沈静化に関する手続きを共有，知識を共有すること

図表9-3 ◆東アジア地域が内包する危険性

危険性の種類	具体的内容
1．経済成長	技術革新の欠如や労働市場等制度的制約から経済成長に関して悲観的。
2．人口動態	日本や韓国を筆頭に少子高齢化が進行し，中国も高齢化が深刻になる。
3．民主政治	中国や隣国の北朝鮮では民主政治への展開は望めない。
4．超国家的機関	日中韓の対立が激しく，NATOやEUのような超国家機関は望めない。
5．軍事的対立	南シナ海やインド洋で中国が米国及び近隣諸国と軍事的に対立する危険。

出所：オースリン［2017］を基に筆者作成。

が必要になる。

特に(5)における軍隊間信頼醸成措置の定式化による不確実性の低下は極めて重要であり，同時に互いに情報リテラシーを高め参考文献を手元に置いておくことも一考である（防衛研究所［2018］やU.S. Department of Defense（DoD）［2017］）。

4.1.2 「負の遺産」の出現を防いで新しい歴史を創る努力

前述の5つの危険性のどれか1つあるいは複数の危険性が出現した場合，東アジアの平和と繁栄は乱され，「負の遺産」を後世に残すことになる。また，日本は過去において自らに有利な東アジア共同体を設立できる国際的地位を持ちながら，情報収集活動を怠り，機会を見失い，貴重な自らの資源と地位を喪失したことを学んだ。

したがって(1)超国家的機関の喪失と(2)共同体の外交能力の喪失という「負の遺産」の出現を防ぎ，前述の5つの危険性を念頭に入れて若く有能なリーダーを応援する組織が日本に求められているのである。

4.2　未来に向けた新しい歴史を創る努力

　残念ながら過ぎ去った時代は変えることができない。だが，迫り来る時代はわれわれの手で変えることができる。この意味で，東アジアの有能な若人達が積極的に意見を交換して，共通の価値観と目的を形成することが期待される。

　欧州の経験が示す通り，欧州連合が具体的な超国家的機関として形成される以前の欧州は，遠い中世時代にはエラスムス（Erasmus）のような当時のユマニストたちが，その自由討論の精神を実践するため，ヘブライ・ギリシア・ラテンの3カ国語に通じて，情報交換を「双方向的」に行っていた。残念ながら近代東アジアにおいてさえ，日中朝の3カ国語に通じ対等な立場で自由討論を行った人は極めて少数であったに違いない。

　幸いなことに，グローバル時代の共通語（the *lingua franca*）は英語である。したがって東アジアの若者達は，全地球的な共通語（英語）と東アジアでの共通語（中国語）を巧みに在り釣り，中韓の友人達と共に東アジアで超国家的機関を創り，米露両国と共にさらに大きなスケールの超国家的機関を創ることに期待をして筆を置くことにする。

〔引用・参考文献〕
オースリン，マイケル［2017］『アジアの終わり：経済破局と戦争を撒き散らす5つの危機』尼丁千津子訳，徳間書店。
カー，E.H.［2011］『危機の二十年：理想と現実』原彬久訳，岩波書店。
ケナン，ジョージ［1952］『アメリカ外交50年』近藤晋一・飯田藤次訳，岩波書店。
黒木彬文［2005］「興亜会のアジア主義」九州大学『法政研究』第71巻第4号（3月9日）615-655頁。
猪木正道［1995］『軍国日本の興亡：日清戦争から日中戦争へ』中央公論社。
西嶋定生［2000］『古代東アジア世界と日本』岩波書店。
杉原高嶺ほか［2012］『現代国際法講義 第5版』有斐閣。
防衛省防衛研究所［2018］「中国安全保障レポート」。
マクマリー，ジョン・アントワープほか［1998］『平和はいかに失われたか：大戦前の米中日関係もう1つの選択肢』北岡 伸一・衣川 宏　訳，原書房。

United States Department of Defence (DoD)［2018］"Annual Report to Congress: Military and Security Developments involving the People's Republic of China", 2017.

第10章
東アジアの国際ボランティア事業：欧米との比較と共同体への示唆

1．二人の国際ボランティア

　唐突だが，二人のボランティアが出会う架空の話から始めたい。エイジ・アン君は，アフリカのツルーン国に1カ月前にやってきたボランティアである。今日は，同じ村で活動する欧米の女性ボランティアに声をかけてみた。

エイジ：こんにちは。僕はエイジ・アンといいます。アジア国の国際援助機関AICAから派遣されています。君はどこの国から来たの。

ユーロ：こんにちは。私の名前はユーロ・ピアンです。派遣元はキリギリス国のNGOのVSOPだけど，私はオリルシター国の出身よ。

エイジ：へぇー，キリギリス人でなくてもVSOPボランティアになれるんだね。

ユーロ：VSOPは技術や専門を持つボランティアならば国籍は問わないの。果実栽培の職種に，たまたまオリルシター人の私が採用されたってわけ。この村のパイナップル栽培の品質を高めて，輸出品にすることが目的よ。そうすれば村人の収入が増えて，貧困が減るかもしれないわ。エイジ，あなたはどうなの。

エイジ：僕はゴミの分別化やリサイクルの運動を進めているんだけど，村の人たちがゴミ問題の深刻さをなかなか理解してくれないで困ってる。でも，若い人たちが僕の国の漫画に興味を持っていて，その紹介をして

るのは楽しいよ。
ユーロ：ふーん。なぜあなただけで活動するの。VSOPならひとつのプロジェクトに複数のボランティアを派遣したり，現地のボランティアを事前に募ったりするわ。それに漫画の紹介よりも，ゴミ問題があなたの優先課題じゃないのかしら。
エイジ：僕は，配属先の役場の同僚と一緒に活動しているよ。漫画紹介のことを批判するけど，AICAボランティアの目的には開発協力のほかに国際交流もあるんだ。それに僕は将来，漫画を途上国に普及するビジネスをしたいので，その経験を積んでおきたいんだ。グローバル人材の育成もAICAの目的だよ。
ユーロ：でも，それが本当に村の環境や貧困の問題解決に役立つのかしら。ところで，寄付してくれないかな。5ドルでも10ドルでも。
エイジ：なんだよユーロ，偉そうなことを言うわりにお金の無心かい。あきれるね。
ユーロ：そうじゃないわ。VSOPの資金源には，政府の補助金や企業からの寄付のほかに，ボランティア自身が集める寄付もあるのよ。
エイジ：そうなんだ。その点，AICAボランティアは政府の事業だから資金の心配はないね。でも政府事業だからこそ目的もいろいろあるんだよ。途上国との関係発展のためには人材育成も必要だし，国際交流にも意味があるんだ。
ユーロ：なるほど。国際ボランティア事業には，その国の事情や外交方針も反映しているからね。ごめん，さっきは言いすぎたわ。
エイジ：分かってくれればいいよ。ところで，今度食事でも一緒にどうかな。
ユーロ：あら嬉しい。いつでもいいけど，この村の貧困がなくなってからね。
エイジ：オ，オッケー。(5年後かな，10年後かな…。)

2．アジアと欧米の国際ボランティア事業を比較する

　ここに登場するエイジ・アンとユーロ・ピアンは，対照的な国際ボランティアとして描かれている。エイジは政府が派遣したボランティアであり，ゴミ問題のほか，漫画による交流も彼の活動である。これに対してユーロは母国ではない国のNGOから派遣されており，貧困削減のために活動している。実は，こうした異なる特徴は，彼らの名前から推察できるように，アジアと欧米の国際ボランティア事業の違いを示しているのである。

　長らく国際ボランティアと言えば，欧米の事業というイメージが強かったが，アジアでも，古くは日本の青年海外協力隊（以下，協力隊）があり，近年は韓国，タイ，シンガポール，中国等も積極的に派遣するようになった。しかし，アジアの実態はあまりよく知られていないし，それらの体系的な比較研究も少ない（内海・中村［2011］，山田［2014］，Sherraden et al.［2006］）。

　これに対して本章は，欧米との比較の中からアジアの事業の特徴を明らかにする。比較の基準の1つは，事業が開発を目的にしているのか，青年育成や国際交流など開発以外を目的にしているのかという軸である。もう1つは事業の実施主体であり，政府かNGOかという軸である。この2つの軸から「開発・政府」「開発・NGO」「開発以外・政府」「開発以外・NGO」の4つの型を抽出できる。

　結論を先取りすると，一方の欧米の国際ボランティア事業は，実施主体が政府の他にNGOであることも多く，貧困削減など開発目的を前面に出す傾向がある。他方のアジアでは政府主導の事業が多く，開発援助機関が実施していること，事業目的として開発協力だけでなく，人材育成や国際交流も強調していることを指摘できる。このアジアの特徴を踏まえ，本章は東アジア共同体構想に寄与しうる国際ボランティア事業についても検討する。

3．欧米の国際ボランティア事業

前節で示した比較の基準（実施主体と事業目的）に沿って，まずは欧米各国を代表する6つの事業を評価し，特徴付けてみよう。取り上げるのは，英国のVSO，カナダのCUSO International，フランスのFrance Volontaires，ノルウェーのFK-Norway，米国の平和部隊，国連のUNVであり，いずれもおよそ半世紀前に設立された，各国を代表する事業である（本節は岡部［2018］に基づく）。

3.1　実施主体から見た欧米の事業

欧米で国際ボランティア事業を実施しているのは，政府からNGOまで様々である。政府が実施している最も有名な事業は米国平和部隊（U.S. Peace Corps）である。ケネディ大統領の提唱により1961年に設立され，累計22万人の派遣者数は世界最大規模を誇る。FK-Norwayも政府事業である。ノルウェー語で「平和部隊」を意味するFredskorpsetという名のとおり，米国平和部隊の影響を受けて1963年に創設され，これまでに約8,000人を途上国に派遣してきた。

これらは政府が実施主体となっているが，次節で見るアジア諸国のように政府援助機関が運営しているわけではない。平和部隊の場合，米国国際開発庁（USAID）から組織的，財政的に独立しているし，FK-Norwayは外務省の管轄下にあるが，援助機関からは独立している。

また，政府の事業ではないが，それに準じるものとして考えられるのが，国際組織のUNV（United Nations Volunteers programme: 国連ボランティア計画）である。これは，1970年の国連総会決議によって国連開発計画（UNDP）の下部組織として創設された国連機関であり，派遣数は累計3万人を超える。

他方，NGOが実施している事業の代表格がVSO（Voluntary Service Overseas）である。米国平和部隊よりも古い1958年に英国で設立され，これまでに43,000

人以上を派遣してきた。現在は英国民だけでなく途上国を含む世界各地でボランティアを募っており，その国籍数は94に上ることから，もはや英国の事業というよりもグローバル事業と呼んで良いだろう。カナダのCUSO International（以下CUSO）もNGOの事業である。1961年にCanadian University Service Overseasという名称で設立され，これまでに12,000人以上のカナダ人ボランティアを途上国に送っている。フランスを代表するFrance Volontaires（以下FV）もNGOが実施しており，その前身は，1963年に旧援助省の主導で設立されたAFVP（Association Française des Volontaires du Progrès）である。累計のボランティア派遣数は10,000人以上であり，派遣先は50カ国に上る。

　これらの事業はNGOが実施しているが，財政面で政府に少なからず依存していることにも留意すべきである。VSOは設立以来，英国の国際開発省（DFID）などから補助金を受けており，企業や個人からの寄付もあるが，英国政府への依存度は近年7割を超える。CUSOも近年は収入の3〜5割を政府に依存しているし，FVは2014年の収入全体の7割が外務省からの補助金や資金である。

3.2　事業目的から見た欧米の事業

　以上のように，欧米の国際ボランティア事業は実施主体の点では多様である。しかし，事業目的に目を向けると，どの事業も共通して貧困削減や持続的開発など開発協力を重視していることが分かる。

　貧困削減を自らの使命として掲げ，「人々を最優先する」アプローチを取っているのが，VSOである。その活動は，教育，保健，HIV/AIDS，安全な生活，参加とガバナンスに及ぶ。そして，この目的追求のために世界各国から高い専門性と経験を持つボランティアを募っているため，彼らの平均年齢は2013年時点で41歳と高い。CUSOも貧困撲滅を目指し，「人中心」アプローチを採用している。設立当初は大卒の青年を対象にした人材育成を目的としていたが，1970年代になって途上国の必要性に応えようと技能や専門性を持つ人を派遣するようになった。国際機関のUNVも，持続可能な人間開発の支援を目的とし

ている。そのためボランティアは専門分野で平均約10年の実務経験を持ち，平均年齢も38歳と高めである。ちなみに，協力隊（2014年）と米国平和部隊（2015年）の平均年齢はともに28歳である。

　もちろん欧米の国際ボランティア事業の中には，開発協力とは別の目的を掲げる事業もある。例えば，米国平和部隊は自らの目的として，(1)派遣先の人々へのニーズに応じた支援，(2)米国民に対する任地の人々のより良い理解の促進，(3)他国の人々に対する米国民のより良い理解の促進の3つを挙げており，開発協力だけでなく国際交流を目指している。FK-Norwayは，ボランティア活動を国家の開発政策の一環として行う一方で，途上国を含む世界各国との間でボランティアや専門家の相互交流に対して資金提供を行っている。NGO主体の事業でも，FVは過去には技術協力や復興開発に従事していたが，現在は文化交流も活動の1つに位置づけているし，VSOはDFIDから予算を得て英国籍の若者を対象とした「国際市民サービス」という短期派遣を行っており，その目的は開発教育や人材育成にある。

　しかし，こうした目的はあくまで2次的なものであり，欧米の国際ボランティア事業の中心的使命は総じて開発協力にあると評価できる。この開発重視の理由は旧植民地の歴史に求められる。欧米の事業が登場した1950〜60年代は，新たに独立したアフリカやアジアの国々が工業化や農業改革によって開発を志向していた。これに対して旧宗主国の欧米のボランティアは，現地で不足する知識や技術を移転するという役割が期待された。それ以来，欧米では長年にわたり開発協力への貢献が国際ボランティアに求められてきたのである。

4．アジアの国際ボランティア事業

　次に，アジアの事業の特徴を検討していこう。本節では実施主体と事業目的を基準に日本，韓国，中国の事例を論じる（以下は岡部［2018］に基づく）。

4.1　日本：青年海外協力隊（Japan Overseas Cooperation Volunteers: JOCV）

　日本の青年海外協力隊は，アジアを代表する国際ボランティア事業である。1965年の創設以来43,297名（男性23,161名，女性20,136名）の日本人を世界88カ国に派遣し，活動中の隊員数は1,914名に上る（2017年12月現在。JICAウェブサイト）。国内では「協力隊」，海外では「JOCV」の名で親しまれ，高い評価を得てきた。2016年にはアジア地域で社会貢献などに顕著な功績をあげた個人や団体に贈られるラモン・マグサイサイ賞を受賞している。

　協力隊は日本政府が行う国際ボランティア事業であり，外務省の所管の下，国際協力機構（JICA）が実施機関となっている。政府の事業ではあるが，隊員は応募のあった日本国民の中から選考され，一定の訓練を経て派遣されることから，国民参加型のODA（政府開発援助）事業と位置づけられている。隊員への応募資格は20歳から39歳までの「青年」である。派遣期間は原則2年間であるが，1カ月から参加できる短期ボランティア制度もある。活動分野は計画・行政，公共・公益事業，農林水産，鉱工業，エネルギー，商業・観光，人的資源（教育，文化，スポーツなど），保健・医療，社会福祉など多岐にわたる。

　なお，JICAは協力隊のほかにも国民参加型事業として，40歳からのシニア海外ボランティア，中南米等で活動する日系社会青年ボランティアと日系社会シニア・ボランティアの派遣を行っている。この4つはまとめて「JICAボランティア」と呼ばれているが，本章ではその中核事業である協力隊に焦点を当てる。

　さて，協力隊事業は発足以来3つの目的を追求してきた。それは，①開発途上国の経済・社会の発展，復興への寄与，②友好親善・相互理解の深化，③国際的視野の涵養とボランティア経験の社会還元である。要するに，隊員に技術協力に従事してもらうと同時に，国際交流を深め，隊員の人材育成を行い，さらにその経験を日本国内で活かしてもらうのである。

　この多様な目的が設定された理由は，協力隊創設の歴史に求めることができる。まず，創設以前の対米関係が重要である。池田勇人政権は60年安保闘争で

失った米国からの信頼を回復し，冷戦下のアジアにおける西側の有力な一員であることを示す必要があった。また，米国ではすでに国際ボランティア事業の平和部隊が始動していたが，米国政府はこれに類似した事業を行うよう各国に働きかけていた。これらが契機となって日本政府も青年の海外派遣を検討することになったが，その段階では技術者の派遣にとどまっていた。

次に，1960年代前半，高度経済成長の中で農村などの青年団体が自らの存在意義を見直していた一方，都市では与党自民党が青年犯罪やテロの高まりを懸念していた。その解決策として注目されたのが国際ボランティア事業の立ち上げであり，青年団体指導者の末次一郎や寒河江善秋，自民党若手代議士の竹下登，宇野宗佑，海部俊樹らが運動の中心となっていた。

そして，複数の事業案が政府・自民党内で検討された際，派遣すべきは技術者かボランティア青年か，事業の所管をどこにするか，という点をめぐって意見が対立した。青年団体や自民党は新団体の下でのボランティア青年の派遣を主張したが，外務省は自らの所管の下で海外技術協力事業団（OTCA）に実施させることを求めた。最終的には妥協が成立し，協力隊は技術協力に青年育成（人材育成）と国際交流の色彩が加味され，OTCAの事業として，佐藤栄作首相の政権下で発足した。協力隊の多面的な性格は，以上の歴史に由来する。

発足後の協力隊は規模や制度の面で発展していった。年間派遣者数は着実に増加し，2009年には1,708人とピークに達した。近年は1,100人前後で推移している。累計派遣数は1990年に1万人を突破，2000年に2万人，2007年に3万人，50周年を迎えた2015年には4万人を超えた。累計の派遣地域は，アフリカ33％，アジア29％，中南米22％，オセアニア9％，中東6％，ヨーロッパ（旧社会主義国など）1％である（2017年12月31日現在。JICAウェブサイト）。

制度面では，1968年に東京都の広尾に事務局と訓練所が建設された一方，1969年に全国OB会が帰国隊員の社会復帰対策として組織され，1983年に青年海外協力協会（JOCA）に改組された。1974年には国際協力事業団（JICA）が発足し，OTCAから事業を引継いだ。そして，派遣者数の増加に伴い，1979年に長野県に駒ケ根訓練所が，1994年には福島県に二本松訓練所が開設された。

事業の体制や方針の改革も行われ、冷戦終焉後は旧社会主義国への派遣が開始された他、2002年に学校教員が現職身分を保持したまま参加できるようになったり、JICAが行う技術協力との連携が強化されたりした。

　こうして発展してきた協力隊は、政府の事業といっても、国民参加型ODA事業であることから日本の国民と社会の関心や要請に応える形で実施されている。まず、事業目的（開発協力、人材育成、国際交流）は青年たちの関心に広く応えてきた。実際、2011-13年度の隊員に対して筆者らが実施した意識調査では、協力隊に参加した動機を3つまで選んでもらったところ、1位は「人のため」(40.9%)、2位は「途上国の社会のため」(34.6%)であり、開発協力への貢献を志した隊員が多いことが分かる。他方で「キャリアアップ」(30.7%)や「自分を変える」(24.4%)という人材育成の目的に沿った回答もそれぞれ3位と5位を占めた。そして、「途上国の社会の理解」(30.7%)は同点3位の動機であり、国際交流の目的に合致している。

　さらに最近では、語学力、異文化適応力、課題対処能力を持つ人材への社会の需要を反映して、帰国隊員が民間企業や地方自治体に採用される例が増えている。同時に帰国隊員の中には、被災地の復興や地方活性化の仕事に従事する人も多く、現在の日本社会が抱える課題の解決にも貢献しているのである。

4.2　韓国：World Friends Korea（WFK）

　韓国は、アジアでは日本と並んで国際ボランティア事業が盛んな国だが、なかでも重要なのは政府が実施しているWorld Friends Korea（WFK）である。

　WFKは政府の各機関が行っている複数の事業を統合したもので、例えば外交部（部は日本の省にあたる）は開発ボランティアを所管し、20歳以上の国民を対象とする2年間の派遣や退職者向けの1年派遣を行っている。教育部は大学生を対象に2、3週間の派遣を行い、科学技術情報通信部はIT人材を、文化体育観光部はテコンドー選手を1カ月から1年までの短期間派遣している。

　WFKの目的は、(1)貧困削減と生活水準の向上のための持続可能な開発の促進、(2)友好関係と相互理解の強化、(3)ボランティアが活発な地球市民となるた

めの自己実現と成長の機会の提供である。要するに開発協力のほか国際交流や人材育成も含んでおり，日本の協力隊の目的と類似していると言える。

派遣実績としては，前身のKOV（後述）が発足した1990年から2015年までの25年間に5万5,780人が派遣され（その多くは短期派遣である），2015年の派遣者数は4,828人に上った。その派遣分野は，教育，保健，行政，産業・エネルギー，農村開発の6つに及ぶが，特に教育分野（初等教育，IT，テコンドー，職業訓練等）が多く，2015年は派遣人数の78.0％を占めた。派遣対象地域については，2015年でアジアが派遣数の79.0％を占め，続いてアフリカ8.1％，中東・CIS諸国6.4％，中南米6.4％となっている（KOICAウェブサイト(1)）。

WFKは様々な事業の集合体であるが，その中核は，外交部の所管の下で援助機関KOICA（韓国国際協力団）が実施する「韓国海外ボランティア（Korea Overseas Volunteer: KOV）」である。KOVは，WFK-KOVともWorld Friends KOICA Volunteersとも呼ばれているが，20歳以上の国民の応募者から選抜されて2年間海外に派遣される事業であり，協力隊を中心とするJICAボランティアに相当する。年間でおよそ1,000人が派遣されており，1990年の創設から2015年までの累計派遣数は11,287人である。派遣分野としては，前述のWFKの6分野にITと環境が追加されている（KOICAウェブサイト(2)）。

さて，WFKの発足は，盧泰愚政権が1989年に「韓国青年ボランティア（Korea Youth Volunteers: KYV）」の創設を決定したことに端を発する。この決定の背景には，ユネスコ韓国委員会の姜大根（Kang Dae Kuen）と趙成鈺（Cho Song Oh）という二人の青年運動指導者の存在があった。一方の姜は青年院長として，韓国ボランティアによる途上国への貢献と帰国後の社会還元を期待し，日本の協力隊を参照しつつKYVの制度を立案した。他方の趙は事務総長であったが，盧大統領の首席秘書官と友人関係にあり，KYVの企画を大統領府に働きかけて最終的に受け入れさせた（KOICAのKim Byung-gwan多国間協力・人道支援室局長へのインタビュー。2017年10月26日，ソウル）。実施機関については，当時青年育成プログラムを実施していたユネスコ韓国委員会に委託が決まった。

KYV設立の準備過程では米国の平和部隊と日本の協力隊が特に参考にされた。平和部隊は，1966年から1981年の間に約2,000名を韓国に派遣しており，国民に馴染みのある事業である。協力隊は，1989年にユネスコ韓国委員会のスタッフが訪日してその制度を調査したほか，KYVを運営する講師やスタッフの訓練の一部を日本で実施するなど，事業運営の参考にされた。こうして1990年，KYVの最初の44名が派遣された。しかし，当時の事業目的は現在のWFKとは少し異なっており，国際化のための人材養成，大学生の健全な国家観の育成，青少年問題の解決，途上国への経済進出のための基盤伸張という目的が示されていた。政府は，民主化・開放化の社会変化の中で国際化の流れに対応するために，また青年問題への対応のために，KYVを推進したのである。この背景には，激しい民主化運動と1987年の盧大統領候補による民主化宣言，1988年のソウル・オリンピック開催，10％を超える経済成長と進行する経済自由化といった政治的社会的経済的な変動があった。

　KYVはその後，1991年設立のKOICAに業務が移管され，1995年には名称がKOVに変更されるとともに，年齢制限が35歳から60歳に緩和された。2009年には各部（省）の事業とKOVが統合され，WFKが発足した。KOVの累積派遣数は年々増大し，2004年に729人，2009年に1,000人に達した。KOICA全体に占めるKOVの予算比率も初期の5％から2009年には17％に上昇した。

　現在，KOVを中心とするWFKは，国際援助潮流の中に位置づけられ，国連の持続可能な開発目標（SDGs）達成への役割が強調されている。

4.3　中国：海外青年ボランティアプログラム（OYVP）を中心に

　中国の国際ボランティア事業は多岐にわたるが，主に政府によって実施されており，基本的に開発援助戦略の中に位置づけられている。

　最初に中国政府の援助戦略を概観しておこう。政府は自らの開発援助を途上国間の「南南協力」と呼び，平等互恵と共同発展を柱の1つに掲げている。これは援助国も被援助国もともに開発の利益を得られる，「ウィン・ウィン協力」を示すものである。それと同様にボランティア事業は，ボランティアを受け入

れるコミュニティ，派遣側のコミュニティ，そしてボランティア個人に便益を与えることによって，中国のウィン・ウィン協力を具現化するものであるという。したがって，中国の国際ボランティア事業の目的は，開発援助を中心としつつ，国際交流や人材育成も含んでいると考えて良いだろう。

その理念は「人から人への交流」と呼ばれ，習近平国家主席が2013年に「中国とアフリカの間の新しいタイプの戦略的関係のための重要な柱」として宣言したものである。実際，国際ボランティア事業は中国の重要な政策文書でも触れられている。例えば，2014年度の対外援助白書はボランティアの活発な役割を認め，次のように述べている。「中国は，言語教育，体育教育，コンピューター研修，漢方薬による治療，農業技術，芸術研修，工業技術，社会開発，国際的救済活動（学校，病院，政府機関，農場，研究機関向け）におけるサービス提供のため，他の途上国にボランティアを派遣し続けてきた」。同白書はまた，2010～2012年に約7,000人のボランティアを60以上の国々に派遣したと述べ，特にアフリカ重視の姿勢を打ち出している。

中国の国際ボランティア事業の形態は様々で，政府の複数の機関によって実施されている。なかでも旗艦プログラムとして位置づけられているのが，2002年に設立された「海外青年ボランティアプログラム（Overseas Youth Volunteer Program: OYVP）」である。2002～2013年の間に，590人のボランティアが22の国々に派遣され，そのほとんどがアフリカに送られている。

OYVPの運営は，政府内で開発援助を担当する商務部の対外援助司（日本の外務省国際協力局にあたる）の下で，中国青年ボランティア協会（中国青年志愿者協会）によって行われている。この協会は1994年設立の非営利団体であり，中国共産主義青年団中央委員会の指導下にある。中国を代表する国際ボランティア事業であるOYVPが，援助担当の商務部だけでなく，中国共産党の影響下にも置かれていることは興味深い。まさにOYVPは国家プログラムなのである。

なお，中国青年ボランティア協会は青年ボランティアの非常に大きなネットワークを有しており，行政機関が北京オリンピックや四川大地震の災害復興な

どのイベントやキャンペーンを行う際，大学や専門学校から多数のボランティアを動員する。中国では学生時代にボランティア活動に参加することは個人の能力向上やキャリア形成のために不可欠であると考えられているため，青年の間でもボランティアに参加する動機は少なくないようである。

ちなみに，中国には2004年設立の「中国語教師ボランティアプログラム (Volunteer Chinese Teacher Program)」という事業もある。これは教育部の下で中国語カウンシル・インターナショナル（孔子学院）によって運営されており，2004～2012年に18,000人以上の中国語教師が101カ国に派遣された。

4.4 アジアの特徴

以上，アジアの事業を見てきたが，その特徴を実施主体と事業目的の観点から整理すると，いずれも政府の開発援助機関が実施している一方，事業目的としては開発協力のみならず人材育成や国際交流といった他の目的も重視していることが分かる。これに比べると，欧米の事業は貧困削減などの開発協力の目的を重視する傾向があり，実施主体は政府機関だけでなくNGOの比重も大きい。

それでは，政府主導で多様な目的を持つというアジアの国際ボランティア事業の特徴は，どのように生じたのだろうか。第一に，日本の協力隊の影響である。1965年発足の協力隊はアジアでは先駆けの事業であり，規模も大きいことから，後発の国々が事業のモデルとして模倣した面がある。特に韓国は，外務省と援助機関が実施主体であり，多様な目的を追求する点で似通っている。実際，すでに論じたように韓国のWFKは協力隊から多くを学んできた。第二に，アジアでは欧米と比べ，NGOに代表される市民社会が比較的弱いことである。そのため，政府が中心となってボランティアの海外派遣を推進することになり，その過程で様々な目的が盛り込まれていったと考えられるのである。

5．東アジア共同体構想への示唆

本章は，アジア（日本，韓国，中国）の国際ボランティア事業の特徴を，欧

米と比較しながら明らかにした。その特徴とは，政府が実施主体であること，開発協力だけでなく人材育成や国際交流の目的も重視していることである。

　最後に，以上の議論を踏まえ，東アジア共同体構想に対してどのような示唆を与えられるのか，1つのプログラムの提案を通して考えてみたい。それは日韓中の共同国際ボランティア事業であり，仮に英語で「East Asia Joint Overseas Volunteer Programme」と名付けておこう。このプログラムは，3カ国出身のボランティア数名ずつから成る1つの共同チームを組織し，このチームが3カ国を順に訪問して，協力活動を行うというものである。

　共同チームは，各国の活動地域の住民，NPO，自治体と協力して，環境保護，コミュニティ開発，災害復興，文化交流などのボランティア活動に一定期間取組む。例えば，日本では震災復興支援，韓国ではコミュニティ活動，中国では環境保護の分野に，それぞれ3カ月間，計9カ月間従事する。各国のボランティアの選考，訓練，派遣は，JICA，KOICA，中国青年ボランティア協会がそれぞれ協力隊，KOV，OYVPの枠内で行うことが望ましい。派遣先は必ずしも途上国ではないが，内容は国際ボランティア活動に準じているからである。

　このプログラムから期待できるのは，ボランティアとボランティアの間，そしてボランティアと現地の人々との間における信頼関係や仲間意識の醸成である。まず，日本の現場に共同チームが赴く時を想像してみよう。活動中に韓国人や中国人ボランティアは自然に言語，習慣，文化，制度の面で日本人ボランティアから支援や助言を受けるだろう。同じことは韓国や中国でも起こるはずである。この「お互い様」の過程でチーム内の相互学習，規範形成，協力関係が進み，ボランティア達の間で信頼や仲間意識が醸成されていくだろう。

　次に，各国でのボランティア活動を通して，現地の人々の心の中に外国人ボランティアに対する信頼や仲間意識が芽生えるきっかけになることも考えられる。国際ボランティア活動においては，相手国の社会や人々が抱える問題を理解し，課題を発見すること，そしてその課題に対して，主体はあくまで現地の人々であることを前提に，彼らに寄り添い，彼らの目線に立って共に取り組むことが求められる。共同チームのボランティアがこうした姿勢で活動に取り組

むことで，現地の人々から信頼され，彼らとの仲間意識を醸成することが期待できる。さらに，日韓中のボランティアがチームとして活動していること自体も，現地の人々が外国人ボランティアを信頼し始めるきっかけとなろう。

現在，日韓中は，国家間では対立と不信を抱え，国民の間でも互いの国のイメージは悪化している。この問題に対して個人ができることは，国民の間で信頼関係や仲間意識を育んでいくといった小さな変化の積み重ねかもしれない。これが正しいとすれば，この共同プログラムは，小規模で時間のかかる活動かもしれないが，個人の認識の変化に寄与する可能性があるのではないか。

当然，この共同事業の実現は簡単ではない。個人のボランティア活動であるとはいえ，政府がボランティアを派遣し，かつ受け入れるとなれば，政府間の調整が必要になる。ここでアジアの特徴である政府主導が効いてくる。協力隊，WFK，OYVPの経験がある政府機関ならば，これらの業務も進めやすいだろう。また，日韓中の間には2009年設立の「日中韓3国協力事務局」が存在し，限定的ながら協力体制がある（同事務局ウェブサイト）。これも有利に働こう。

より厄介なのは実際のプログラムの運営である。ボランティアに求める資質や外国語などの能力を定め，選抜方法を決め，共同チームを編成すること，また活動場所を選び，現地の人々や自治体，市民団体の理解と協力を得て，具体的な活動内容を組み立てること，そして3カ国の間で緊密な連携を取り，様々な調整を行うこと等，前例のない業務が多い。そのため，これらの業務はJICAやKOICAなど，開発協力だけでなく人材育成や国際交流の分野で経験の豊富な機関が行うのが望ましい。ボランティア活動を通じた信頼関係と共同体意識の醸成とは，人材育成と国際交流の一環にほかならないからである。その点で各国の大学など教育機関の協力を得ることも効果を高めることになろう。

もちろん，具体的な課題や運営方法については今後詳細に検討する必要があるが，その際は他の地域の類似事業が参考になる。例えば，カナダ，米国，メキシコの間ではNGOが中心となって類似の事業「北米コミュニティ・サービス（North American Community Service: NACS）」が試行されており，実は本章の提案はこのNACSから影響を受けている。また，東南アジアには2011年から

「ASEAN青年ボランティアプログラム（ASEAN Youth Volunteer Programme: AYVP)」という一種の共同研修事業が行われている（岡部〔2018〕）。

　いずれにせよ，共同国際ボランティア事業という本章の提案は，東アジア共同体構想に対して国家や企業のレベルだけでなく，個人レベルでも貢献の余地があることを示唆しており，その可能性に取り組む価値は小さくない。

〔引用・参考文献〕
内海成治・中村安秀編［2011］『国際ボランティア論』ナカニシヤ出版。
岡部恭宜編［2018］『青年海外協力隊は何をもたらしたか：開発協力とグローバル人材育成50年の成果』ミネルヴァ書房。
山田恒夫編［2014］『国際ボランティアの世紀』放送大学教育振興会。
Sherraden, Margaret Sherrard, et al［2006］"The Forms and Structure of International Voluntary Service," *Voluntas: International Journal of Voluntary and Nonprofit Organizations*, 17(2): pp.163-180.
日中韓3国協力事務局，http://jp.tcs-asia.org/index.php（2018年3月9日現在）
JICA，https://www.jica.go.jp/volunteer/outline/（2018年2月12日現在）
KOICA(1)，https://kov.koica.go.kr/eh/main.do（2018年1月25日現在）
KOICA(2)，http://www.koica.go.kr/english/schemes/world_friends_korea/（2018年1月25日現在）

第11章

インドからの視点：
印中関係とインド太平洋

1. アジアにおけるインド

　21世紀に調和的なアジアの国際秩序が形成され，アジア共同体が誕生する未来を描くときに，インドはどのような役割を果たすだろうか。

　かつてのインドは，中国とともにアジア・アフリカの連帯を説き，その運動を主導した。しかしまもなく両国は戦火を交え，現在もインドは中国との間で国境紛争など多くの問題を抱え，中国を最大の脅威とみなしている。つまり，インドと中国の関係（印中関係）は，アジア共同体の実現に向けて乗り越えるべき困難な課題の1つである。

　そこで本章は，アジア国際政治におけるインドと中国の関係を考える。その目的のため，昨今の流行語である「インド太平洋（Indo-Pacific）」に着目する。2010年代に入ってから国際政治の世界に流行したこの言葉は，ついに2017年にはアメリカ大統領が提唱するに至っている。

　分離独立後にさかのぼって印中関係の歴史をふりかえってから，昨今のインド太平洋をめぐる動向を整理し，インド太平洋をめぐるインドの立場と，アジア共同体に向けた道筋を論じる。

1.1　独立直後の協力から衝突へ

　独立インドが国際政治の舞台に戻ってきたのは，イギリスによる植民地支配

からの分離独立を果たした1947年であった。当初，インドと中国は国際政治で協力関係にあり，初代首相ネルー（Nehru, J.）は中国の周恩来首相らとともに，1954年に平和共存などの「平和五原則」を提唱し，翌年にはインドネシアのバンドンでアジア・アフリカ会議を開催した。冷戦時代の米ソ両陣営のいずれにも属さない非同盟の国々による国際政治の変革を目指したネルー首相は，中国をパートナーと見込んでいた。

21世紀のアジア共同体を構想する際して，アジア・アフリカ会議は貴重な歴史経験である。しかし，インドと中国の蜜月は続かず，1950年代末にはチベット問題などをめぐって対立し，両国の平和共存は破滅へと至る。

1962年10月，米ソ核戦争の危機に世界の注目が集まるキューバ危機の最中，インドと中国の国境地帯で紛争が勃発した。係争地域で支配領域の漸進的な拡大作戦を行っていたインドに対して，中国は軍事侵攻に踏み切った。インド側の戦争への備えは不十分であり，一方的に中国側が勝利した（栗田［2013］）。この出来事はインド側に長くトラウマとして刻み込まれた。

以後の印中の敵対関係を補強する役割を果たしたのが，パキスタンとの関係と，冷戦の構造であった。

インドとの紛争を抱える隣国パキスタンは，インドと衝突した中国との連携を急速に深めた。インドという敵を共有した中国とパキスタンの蜜月は，現在まで続いている。

冷戦構造に目を向けると，1970年代当時，中国はソ連と袂を分かってアメリカと結んでいた。インドから見ると，敵国パキスタンと中国は協力関係にあり，それぞれのバックにアメリカがついていた。そこでインドは1971年にソ連と平和友好協力条約を結んだ。つまり，1970年代から80年代にかけて，「インド＝ソ連」対「中国＝パキスタン＝アメリカ」という対立構造があった。

冷戦が終結へと向かう1980年代末，印中関係もようやく改善へと動き出した。1988年にR・ガーンディー（Gandhi, R）印首相が中国を訪問したのは，印首相として34年ぶりのことであった。翌年には国境問題のための作業グループも設置された。

図表11-1 ◆冷戦時代のアジアにおけるインド

1947年	インドとパキスタンがイギリスによる植民地支配から分離独立
1954年	平和五原則宣言（ネルー首相，周首相）
1955年	アジア・アフリカ会議
1962年	印中国境紛争
1971年	印ソ平和友好協力条約；第3次印パ戦争
1988年	R・ガーンディー印首相の訪中

出所：筆者作成。

1.2　冷戦終結後のインド国際政治

　冷戦終結後，インドは国際政治と経済の両面で危機に直面した。ソ連の崩壊は，インドが国際舞台での強力なパートナーを失ったことを意味した。さらに1991年の湾岸危機によって，当地で働くインド系移民からの送金が減ったインドは外貨危機に陥り，経済自由化に着手した。

　このころ，印中関係は修復が進められた。双方の首脳による訪問が行われ，国境問題での平和維持と信頼醸成措置の協定も結ばれた（1993；96年）。1998年にインドが実施した核実験は，印中関係には一時的に水を差したものの，関係改善の流れは維持された。2005年には，戦略的・協力的パートナーシップ宣言を行った。

　1980年代末から2005年ごろまで，インドと中国は穏やかにではあるが政治的にも経済的にも関係が拡大させた。しかし，2006年ごろから国境問題をめぐる中国側の強硬姿勢が強まり，政治外交分野での関係は冷え込んだ。

　インドがアメリカや日本との関係強化を進め，安全保障分野での協力を深化させるにつれて，一方に中国，他方にアメリカや日本を配置するアジア国際政治の対立構図において，インドが後者の側に属するとの見方が強まってきた。しかし後述するように，インドではそうした立場を良しとしない意見も根強い。

図表11-2◆冷戦終結後のインド国際関係と印中関係【年表】

1991年	湾岸戦争，インド外貨危機，インド経済自由化
1993年	印中国境平和維持協定
1996年	印中国境信頼醸成措置協定
[1998年3月～2004年5月 ヴァージペーイー政権（インド人民党）]	
1998年	インド核実験，核保有宣言
2000年	クリントン米大統領；森首相訪印
2001年	印米戦略的パートナーシップ
[2004年5月～2014年5月 M・シン政権（国民会議派）]	
2005年	印中戦略的協力的パートナーシップ宣言
2006年	国境問題をめぐり印中関係悪化；印中投資促進保護協定締結
2008年	印米原子力協力協定締結
2013年	印中国境での侵犯事案発生（インド側主張による）
[2014年5月～ モディ政権（インド人民党）]	
2014年	日印関係にインド太平洋の視点を付与する合意
2016年	日印原子力協力締結
2017年	印パ，上海協力機構に加盟完了（決定は2015年）

出所：栗田［2013］，溜［2012］，堀本［2015］などに基づいて筆者作成。

1.3 複層化する印中関係

グローバリゼーションが深化・拡大するにつれて，国際関係は複雑化してきた。国家間の接点が外交に限られていた時代は遠い昔となり，国家間では様々なイシュー（問題領域）が扱われるようになった。

それゆえ，国家間関係を一概に良い悪いと言い難い。あるイシューでは協力していても，別のイシューでは対立していることがある。時には，あるイシューの問題が他のイシューに影響する。例えば，安全保障分野での協力の見返りに，貿易問題での譲歩を求める例が考えられる。国際関係論ではこれをイシュー・リンケージと呼んでいる。

印中関係も複雑化しており，イシューによって関係の性質は異なる。そこで便宜的に，2国間，地域，グローバルの3つのレベルに分けて，昨今の印中関係における諸問題を整理してみよう（**図表11-3**，溜［2012］）。

図表11-3◆現代印中関係のレベルとイシュー

2国間レベル
国境問題をめぐる対立
経済関係の拡大，ただしインド側の消極姿勢
地域レベル
地域での影響力をめぐる争い；互いの周辺国との関係強化
多国間枠組みにおける接点の増加
エネルギー問題での協力
グローバルレベル
国際関係に民主化に向けた協力
気候変動問題での協力
国連常任理事国問題での対立
原子力供給国グループ（NSG）へのインド参加をめぐる対立

出所：溜［2012］88～95頁，堀本［2015］13頁ほかに基づいて筆者作成。

　まず，2国間レベルでは国境問題をめぐる対立を解消できていない。1980年代末からは断続的に協議を行っているが，2018年現在に至っても解決には至っていない。経済分野では，具体的なイシューごとに様々な協力の枠組みが形成されているが，包括的な経済連携や自由貿易の協定に向けては，インド側での消極論が強く，締結には至っていない。

　次に，地域での関係を見ると，両国の影響力争いが顕著になっている。例えば中国はインドの周辺国（パキスタンやネパール，バングラデシュなど）への関与を強めており，インドはこれを好ましく思っていない。反対にインドは中国の周辺国（日本やベトナム，韓国など）との協力の構築を進めている。いわば，互いに相手国を包囲するような動きを示している。

　経済発展を維持するために印中両国にとってかかせないエネルギーの問題においては，協力が行われている。インドは中国主導の上海協力機構（Shanghai Cooperation Organization：SCO）を，エネルギーと対テロ対策の分野での協力組織と捉えて参加し，2017年にパキスタンと同時に加盟を果たしている。

　最後に，グローバルなレベルでは，先進国対途上国という構図になるとき，

インドと中国は途上国側のリーダーとして共闘関係を結ぶことがある。気候変動問題がその例にあたる。しかし，インドが常任理事国入りを目指す国連安保理の改革や，インドが目指す原子力供給国グループ（Nuclear Suppliers Group：NSG）への加盟には，いずれも中国が反対していると言われる。

2．インド太平洋の形成と発展

前節でふりかえったように，印中関係の最大の懸案となってきたのは国境問題であった。しかし21世紀に入り，海をめぐる関係の重要性が，世界政治においても，印中関係においても高まっている。

そこで，これからのインドが中国との関係をどのように構築するのかを考えるに際して，鍵となるのがインド太平洋である。このインド太平洋とは，そもそも何であるのか。どのようにして，どのような意味で使われるようになったのか。ここで整理してみよう。

2.1　インド太平洋の登場

インド太平洋という言葉は，もともとは，太平洋西部からインド洋に広がる海域を意味する自然科学分野の用語として主に用いられてきた。その言葉が，2010年代に入ってから，国際関係や安全保障の分野で使われるようになった。

流行の契機となったのは，クリントン（Clinton, H.）米国務長官による言及であった。クリントン米国務長官は，2010年にハワイ・ホノルルで行った演説で，「インド太平洋海域（Indo-Pacific basin）」という言葉を用いた。強調された言葉ではなかったため，当時はさほど関心を集めなかったものの，後から振りかえるとこれがインド太平洋の先駆けであった（溜［2015］）。

そしてインド太平洋への注目を決定的なものとしたのは，翌年にクリントン米国務長官が『フォーリン・ポリシー』誌に発表した論文「アメリカの太平洋の世紀」であった。この論文は，太平洋とインド洋の接続性（connectivity）の重要性を論じ，その接続性を踏まえた新しい概念としてインド太平洋を提示

した（Clinton [2011]）。

　この論文を受けて，インド太平洋をめぐる論議が関係各国の安全保障研究者の間で沸き起こった。後にオーストラリアやインドネシアでは政府による公的な言及も見られた。しかし2013年にクリントン米国務長官が退任すると，アメリカではひとまずインド太平洋が影を潜めたと思われた。

2.2　インド太平洋の意味と狙い

　さて，インド太平洋とはどのような意味か。分解すれば「インド洋（国のインドのことではない）＋太平洋」となるわけだが，意味するところは論者によって様々である。地域の名称なのか，それとも政策なのか。地域名ならば，海だけなのか，陸も含むのか，どの地域を含むのか。政策ならば，それはどのような内容なのか。有力とされる定義もなく，定まっていない。

　最大公約数としてのインド太平洋の意味を筆者なりに独自の定義を試みるならば，「西太平洋からインド洋全域にかけての広範な地域の名称であり，海だけでなく陸も含むもの」となろうか。ただしこの定義に収まらない使われ方もされている。

　それでは，なぜインド洋と太平洋を組み合わせる必要があったのか。根本には，クリントン米国務長官が論じたように，インド洋と太平洋の接続性に着目する狙いがある。それにともなって，インド洋と太平洋を結ぶ地域，すなわち東南アジア周辺海域の重要性が示唆されている（溜 [2015]）。

　さらに言えば，2011年から12年にかけての安全保障研究者たちによる論議では，南シナ海の支配を強める中国に対抗する意図が明らかであった。インド洋と太平洋の重なるこの地域こそが世界政治の要衝であり，中国による支配を許さないために，日本やインドを巻き込んだ広範な協力態勢を構築して対抗するという目的意識が通底していた（溜 [2015]）。

　ただし当然のことながら，各国政府が公式にこの言葉を用いる際には，このような政策的ニュアンスを含まず，太平洋からインド洋にかけての広域な地域の概念として用いられた。

筆者の印象では，当初のインド太平洋は中国に対抗する枠組みとしての意味合いが強かったものの，各国政府による公的な利用が行われるにつれて，次第に対中戦略としてのニュアンスは薄れてきたように思われる。

2.3 「自由で開かれたインド太平洋」戦略

クリントン米国務長官の退任によって，発祥の地・アメリカでひとまず勢いを失ったインド太平洋であったが，日本の安倍晋三政権がこれを戦略として提唱して，ついにはアメリカも採用するに至る。

政権第1期の安倍首相が2007年にインド連邦議会で行った演説は，インド太平洋という言葉こそ用いないものの，インド洋と太平洋の「2つの海の交わり」を語っていた。この演説はしばしばインド太平洋の元祖と言われるが，流行の契機となったクリントン米国務長官による言及に影響を及ぼしたか否かは定かでない。

第2期安倍政権の発足当初にも，「交わり」や「インド・太平洋地域」が首相の演説原稿に用いられた。それからしばらく時を隔てて，2014年10月の首相官邸発表にインド太平洋が用いられたことを確認できる。以後の日印関係の文書ではインド太平洋が頻用される。このころまでにインド太平洋という言葉が日本政府で正式に採用されたと考えられる。

さらに，2016年8月，安倍首相はアフリカ開発会議の基調演説で「自由で開かれたインド太平洋」戦略を発表した。太平洋とインド洋，アジアとアフリカを結び，「力や威圧と無縁で，自由と，法の支配，市場経済を重んじる場として育て，豊かにする」ことを謳った（外務省［2016］）。外務省は，地域の連結性を高めることがその主眼であると説明している。

日本の用いた「自由で開かれたインド太平洋」というフレーズは，アメリカのトランプ政権にも採用される。まず2017年10月にティラーソン（Tillerson, R.）米国務長官が演説に用い，同年11月のアジア歴訪でトランプ（Trump, D.）米大統領も「自由で開かれたインド太平洋（a free and open Indo-Pacific）」を繰り返した。日本からの影響は明言されていないが，フレーズをそのまま利用し

図表11-4 ◆「インド太平洋」をめぐる動向【年表】

2007年	安倍首相「2つの海の交わり」演説
2010年	クリントン米国務長官ホノルル演説
2011年	クリントン米国務長官「太平洋の世紀」論文
2013年	クリントン米国務長官退任
2014年	日本政府「インド太平洋」使用開始
2016年	安倍首相「自由で開かれたインド太平洋」戦略
2017年	トランプ米大統領「自由で開かれたインド太平洋」

出所：溜［2015］ほかに基づいて筆者作成。

ており，無関係ではあるまい。

3．インドとインド太平洋

　以上で見たように，太平洋とインド洋の接続性への注目を喚起したインド太平洋という概念が，日本とアメリカで採用されるに至った。

　他方で，アジアにおける接続性向上の巨大プロジェクトとして，中国による一帯一路がある。日米主導のインド太平洋と，中国による一帯一路という2つのアイディアは，アジアの接続性を高めるという狙いにおいて一致しており，連携しうるとの考えも示されているが，競合関係にあるとの見方もされている。

　アメリカや中国との関係において，そしてインド太平洋と一帯一路をめぐり，インドはどのようなスタンスを取ってきたのか。

3.1　「戦略的自律」か，アメリカとの連携か

　クリントン論文によってインド太平洋が話題になったころ，インドは国民会議派を中心とするシン政権の時代であった。

　時をほぼ同じくして，インドの安全保障研究者の間では，対外戦略をめぐる議論が活発化していた。2012年2月に発表された，元実務家や研究者が取りまとめた政策提言「非同盟2.0」をめぐる論戦であった。「非同盟2.0」は民間の政

策提言であったが，政府が作成に関与した経緯からして，政府の考えを反映したものと受け止められていた（堀本［2014］）。

「非同盟2.0」は，中国を最大の脅威とみなすものの，中国を刺激しないためにアメリカや日本との連携強化には慎重であるべきとの考えを示している。そして，戦略的自律性（strategic autonomy），つまりは一国に依存するのではなく，選択肢を確保することを重んじて，アメリカとの同盟の道を排して非同盟を維持することを提唱している。

こうした「非同盟2.0」の議論に対して，批判意見も噴出した。アメリカとの提携が現実的な選択肢であるとする意見や，非同盟にこだわることはむしろ自律性を損ねるという意見もあった。

「非同盟2.0」は，中国の海洋進出についての考えも示している。中国が近接海域（東シナ海や南シナ海）の問題に手間取ることは，インドが自国の死活的利益と考えるインド洋への中国の進出を遅らせる効果があるとして，歓迎している。そのため，日本やアメリカ，オーストラリア，ベトナムなどの海軍力強化が自国の利益になると評価している。

こうした議論から明らかとなるように，アメリカと中国という2つの大国との関係をどのように管理するという問題が，インドの対外戦略における根本的な課題である。

3.2　シン政権は「インド太平洋」に否定的

アメリカとの連携に慎重で，中国との関係維持を重視する「非同盟2.0」の論調は，シン政権の考えを反映したものと見られた。そうした考えは，インド太平洋に対する当初の反応でも同様であった。

シン政権の対外政策の司令塔役を担ったメノン（Menon, S.）国家安全保障担当首相補佐官は，2013年に，個人的見解と前置きしつつも，インド太平洋というアイディアを採用しない方針を示した。

メノン補佐官は，インド太平洋とされる地域が，実際にはインド洋，西太平洋，中国近海によって分かれており，地政学的に異なる空間であると論じた。

それゆえ，諸問題に対する処方箋はそれぞれであるべきだが，インド太平洋と名付けることによって単一の処方箋で対応できるとの誤解を招きかねないため，適切でないと断じた。

またメノン補佐官は，海をめぐる中国との対決は回避可能であるとの考えも示した。インド洋から太平洋にかけてのシーレーンの維持は，印中両国に共通の利益であり，実際にこれまでも海賊対策などで協力を行ってきたと主張した。

シン政権の時代，インド太平洋を公式に用いることは稀であった。筆者の確認したところ，2012年12月と2013年5月の首相演説に用いられたのみであった。

3.3 「インド太平洋」に傾くモディ政権

中国との関係への配慮が目立ったシン政権とは異なり，2014年に発足したモディ政権では，アメリカや日本との関係強化を推し進めている。

2014年に着任したモディ（Modi, N.）首相は，南アジア域外で最初の外遊先に日本を選び，かねてから親交のある安倍首相との親密さをアピールした（2014年9月）。そして日本政府がインド太平洋を用いはじめた同年11月，日印首脳会談は日印関係にインド太平洋の視点を付与することで合意する。以後，日印関係をめぐる公的文書はインド太平洋のオンパレードとなる。

インド政府が日印関係以外の文脈でインド太平洋を用いることは稀であるが，日本やアメリカとの安全保障協力を深めており，モディ政権のインドはインド太平洋への傾斜を強めていると言えよう。

そしてインドは，中国の一帯一路への拒絶姿勢を明確に示した。2017年5月に北京で開催された一帯一路国際協力サミットを，インドは欠席した。一帯一路構想に，パキスタンとの係争地域が中パ経済回廊として含まれていることを理由として示した。インドは一帯一路が自国の国益に反することを宣言したのであった。

他方でインドは，一帯一路の推進機関と考えられている，中国主導のアジアインフラ投資銀行（Asian Infrastructure Investment Bank：AIIB）には参加している。2017年のAIIBによる融資額は国別でインドが最高であった。つまりイ

ンドは，一帯一路は拒絶するが，自国のインフラ開発に役立つAIIBは遠慮なく利用している。

このように，インドと中国は，互いの利益となることに関しては，協力を惜しんでいない。しかしモディ政権下のインドは，シン政権と比較すると，中国との関係への配慮よりも，日本やアメリカとの協力へと軸足を移している。つまり，インド太平洋への傾斜を強めたと考えられる。

インドでは2019年前半に総選挙が行われる予定であり，モディ首相の率いるインド人民党がこれに勝利すれば，モディ政権は2期目の5年間に入ることになる。

4．アジア共同体の土台としてのインド太平洋

本章はここまで，アジアにおけるインドとインド太平洋をめぐる動向を整理してきた。最後は，調和的なアジア共同体という希望的未来に向けた考察で締めくくる。

4.1 南シナ海，東シナ海をめぐる対立

東シナ海と南シナ海における中国と周辺国の対立は，21世紀のアジアにおける国際政治の重大な問題となっている。

東シナ海では，尖閣諸島をめぐる日本と中国の対立がある。日本政府は，尖閣諸島が固有の領土であり，それゆえに領有権をめぐる問題も存在しないと主張している。しかし中国も尖閣諸島の領有権を主張し，日本政府が尖閣諸島の一部（魚釣島・北小島・南小島）を国有化した2012年9月以降，頻繁に中国海警局の船舶が尖閣諸島周辺の接続水域や領海に侵入している。

そして南シナ海では，中国が領有を主張する南沙諸島で実効支配を推し進めて，同じく領有を主張するベトナムやフィリピンと対立し，アメリカや日本などの周辺国が中国の姿勢に警戒心を募らせている。中国は海域の暗礁を埋め立てて人工島を建設しており，軍事拠点となることが懸念されている。

これらの問題に取り組むことなくして，アジア共同体の実現は不可能であろう．インド太平洋に基づく協力的な枠組みを用いてこれらの問題を解決できれば，アジア共同体への道が開かれることになる．

4.2　インクルーシヴなインド太平洋へ

そこで1つの分かれ道となるのは，インド太平洋の枠組みを，インクルーシヴ（inclusive；包摂的）なものとするか，エクスクルーシヴ（exclusive；排他的）なものとするか，という問題である．要するに，中国を含む枠組みを構築するか，対中包囲網を形成するかという選択肢である．

近年の動向は，日本やアメリカ，インド，オーストラリアを中心として，安全保障分野での協力態勢が強化されている．すなわち，中国を含まない，エクスクルーシヴなインド太平洋の枠組みが形成されつつある．こうした枠組みで中国の振る舞いを抑制することに成功すれば，それは日本にしても望ましい未来と言えよう．

しかし，こうした中国封じ込め政策では，アジア共同体を実現し難い．アジア共同体を目指すには，中国を含めたインクルーシヴな枠組みで問題を解決することが必要あろう．インド太平洋という新たな地域の考え方を土台として，中国を含む関係各国が問題解決に向けて協議する枠組みを実効的に機能させることが求められる．

実際には，どちらかを選ばねばならないものではなく，双方を組み合わせることが求められる．中国が一方的に実効支配の拡張を進めるならば，周辺国は中国に対抗する枠組みを用いて抑制を図る必要がある．日本やインド，アメリカなど周辺国は，中国に対抗しうる備えを整えたうえで，中国をも含むインド太平洋の協力態勢を構築できれば，アジア共同体に向けた一歩を踏み出すことができるはずである．

〔引用・参考文献〕

栗田真広［2013］「中印国境問題の現状：2国間関係の全体構造の視点から」『リファレンス』平成25年11月号。

溜和敏［2012］「第2章　現代インド・中国関係の複合的状況：リベラリズムの視点からの一考察」近藤則夫編『現代インドの国際関係：メジャー・パワーへの模索』アジア経済研究所。

溜和敏［2015］「「インド太平洋」概念の普及過程」『国際安全保障』第43巻第1号。

堀本武功［2014］「冷戦後のインド外交：『第2非同盟』と対米・対中政策」『国際問題』第628号。

堀本武功［2015］『インド　第3の大国へ：〈戦略的自律〉外交の追求』岩波書店。

Hillary Clinton［2011］"America's Pacific Century," *Foreign Policy*, October 11.

外務省［2016］「TICAD VI開会に当たって・安倍晋三日本国総理大臣基調演説」http://www.mofa.go.jp/mofaj/afr/af2/page4_002268.html（2018年4月1日現在）

第12章

アジア共同体の現在と未来

1. なぜ，今アジア共同体なのか

　本プロジェクトの目的は，アジアでの共同体構築の現状を分析し，将来の可能性を検討することにある。しかし，なぜ今，アジアの共同体につき議論するのか。そして，議論する意味はどこにあるのか。東アジア共同体について盛んに議論がされたのは，今から20年以上前の1990年代から2000年代にかけてであり，関連研究の多くもこの時期に発表された（例えば，李［2004］，黒柳［2005］，小原［2005］，滝田［2006］など）。まず，東アジア共同体構想の直接的契機となったのは，1990年代初頭にマハティール（Mahathir Mohamad）マレーシア首相が提唱した東アジア経済協議体構想（EAEG）であり，ここから様々な東アジア共同体構想につながる議論や政策が提起された（滝田［2006］4-6頁，小原［2005］1-2頁，天児［2016］139-140頁など））。しかし，この構想は，米国による批判もあり，具体化せずに立ち消えになっている。しかし，1997年のアジア通貨危機をきっかけに，再び共同体構想が注目を浴びる。具体的には，アジア通貨危機に対して国際通貨基金（IMF）やアジア太平洋経済協力（APEC）が十分に対応できなかったこともあり，東アジア諸国が主体的に行動し，「ASEAN＋3（日中韓）」の枠組みが始まった。欧米諸国が反対したものの，日本はアジア通貨基金（AMF）構想を提案し，また，チェンマイ・イニシアチブを通じて通貨スワップ協定を締結し，通貨の安定化に成功した。韓国は，

1998年のASEAN＋3首脳会議で「東アジア・ヴィジョン・グループ（EAVG）」，そして2000年11月ASEAN＋3首脳会議で「東アジア・スタディ・グループ（EASG）」の設置を提案したし，また，ASEANは，2003年10月の首脳会議で，最終的に「ASEAN共同体」の創設を目指すと宣言した。さらに，2000年12月に東京で開催された特別首脳会議では「共同体の構築に向けた東アジア協力の深化」が提唱され，2004年11月末にラオスでのASEAN＋3首脳会議で東アジア・サミットの開催が決定され，翌年第1回会合が開催された。

しかし，アジアの共同体に関する議論の現状は，以前と比べては活発と言えない。2000年代以降，ASEAN＋3首脳会議は2017年までに20回，東アジア・サミットも2005年以降現在まで12回，さらに，日中韓サミットも2008年に始まり2017年までに6回実施された。しかし，会議は開催されても，東アジア共同体に向けての具体的な進展はあまりないというのが実状である。

また，アジア太平洋地域の政治経済状況も以前とは異なる。例えば，安全保障面では，北朝鮮は核兵器およびミサイルの開発を積極的に進め，中国の軍事力は当時より大幅に増強された。特に，南シナ海や東シナ海では中国の海洋進出が進み，領有権の主張を強めている。台湾問題は比較的小康状態を維持しているが，引き続きこの地域のリスクの高い安全保障問題である。

また，政治や外交の現状も，共同体に関する議論を進めるには良好とは言えない。歴史問題では，2012年の安倍総理の靖国神社参拝は，中国や韓国等近隣国のみならず米国からも批判を受け，日中および日韓関係は冷え込んだ。特に，日韓関係では，日本では慰安婦問題につき一旦は韓国の朴槿恵政権との間で最終的解決に至ったと思われたが，韓国ではこうした解決のあり方に否定的な考えもいまだに根強い。ただし，日中関係はその後，徐々に改善に向かい，首脳レベルでの対話や会談も行われ，明るい兆しが見える。

このように，アジアの共同体構築をめぐる環境は，東アジア共同体に関する議論が盛んだった時代から大きく変わった。本章の狙いは，これまでの議論をレビューしつつ，当時から変わった状況，また反対に変わっていない状況を明らかにし，共同体の成立条件につき示唆を得ることにある。そのうえで，こう

した諸条件に関して，本プロジェクトの政治的側面に関わる5名の専門家が行った研究の意義を明らかにし，将来の共同体の可能性を探ることにある。したがって，以下ではまず東アジア共同体に関する議論がなぜ1990年代から2000年代にかけては活発だったにもかかわらず，その後進展がなかったのかを考える。次に，アジアで共同体を構築するための重要な要素とは何かを既存の国際関係論から考え，そのうえで，政治面からアジアにおける共同体の可能性について行われた今回の5つの研究の意義を明確にする。そして，最後に今後の理論および政策上の課題を明らかにすることとしたい

2．冷戦終結後の東アジア共同体の動きとその限界

　1990年代から2000年にかけて東アジア共同体に関する議論が活発だったのはなぜなのか。既存研究によれば，それは冷戦の終結やグローバリゼーションと密接に関係する。例えば，冷戦の終焉により米ソ両大国が地域から手を引くことで，世界の各地域で政治的スペースが生まれ地域主義が役割を果たす素地が生まれたという（李［2004］1-2頁）。また，グローバリゼーションも重要な役割を果たしている。東アジアでは，貿易が深化し，企業活動も極めて活発であり，域内分業も進んでいる。このように実質的な経済統合はかなり進んでおり（山本［2012］7-8頁），経済統合は東アジア共同体の構築に対して正の影響を与えたと考えられる。このような冷戦終焉後の国際政治経済的な要因もあり，東アジアでも共同体形成の動きが見られたのである。

　他方で，こうした共同体形成の動きにも限界が見られた。特に，通貨統合や共通通商政策を実現した欧州統合と比べた場合，東アジアでの共同体構築への動きはいまだに初期段階に留まっている。それでは，東アジアでの共同体形成の動きには，なぜ限界があるのか。一般に，共同体構築が立ち遅れた原因として，アジアが多様であること，歴史問題が域内協力を阻んでいること，そして厳しい安全保障環境などが指摘されている。まず，東アジアは，文化的に多様であるだけでなく，経済的格差も大きいため，どうしても地域としての同質性

と一体性に欠けてしまうという指摘がある。次に，特に，日中韓3カ国間に依然として横たわる過去の問題が，3カ国間そして東アジア全体の協力も阻害してしまうという問題がある。さらに，東アジア，特に北東アジアでは領土問題が未解決なだけでなく，北朝鮮の核開発問題や台湾問題，加えて南シナ海における領有権の問題など，安全保障上の問題が各国間の協力を妨げているという指摘もある（小原［2005］3-9頁，李［2004］3頁）。

　また，東アジア共同体の構築は，欧州統合と比較されることが多いが，欧州の経験に基づいて理論的に東アジア共同体の構築の可能性を展望することは，両地域が有する地政学的，歴史的，政治経済的，社会・文化的違いを踏まえた場合難しいとされる。こうした見方に立てば，欧州を中心に語られた統合理論をアジアにそのままあてはまることには無理があるかもしれない（山本［2012］24-26頁）。

　さらに，2000年代以降に生じた国際政治上の変化が，東アジア共同体の構築を一層難しくしている可能性がある。一番の大きな変化は中国の経済的軍事的台頭である。中国の軍事費は高い経済成長を背景に急激に伸びている。そして，中国の軍事費の拡大は，近年東アジア諸国全体の中でも突出するようになったという意味で，新たな段階に達している。つまり，東アジアで中国は，経済的にも軍事的にも国力を急速に増強しており，そのスピードは他の東アジア諸国を凌駕している状況である。こうした変化は，中・長期的には地域安全保障に大きな影響と根本的な変化をもたらすかもしれない。したがって，東アジア共同体を考える場合に，経済的のみならず軍事的にも強大な国として出現しつつある中国をどのように共同体の一員として受け入れるかという問題と同時に，中国が自ら進んで積極的に参加する条件は何かという問題に答える必要がある。共同体の安全保障の側面を考える場合には，地域の安全保障問題の多くに中国が関係していることを踏まえると，特にこの点が重要になる。

3．今，アジア共同体を考える意義

　このように，現時点でアジアの共同体を考える場合には，東アジアの多様性，日中韓に横たわる歴史問題，従来の安全保障問題に加え，中国が覇権国家として出現しつつある状況を踏まえて，共同体を考える必要があり，地域統合が持つ様々な機能に着目することが有用である．具体的には，地域統合が持つ働きとしては，経済統合，政治統合，安全保障共同体や価値の統合（社会統合）がある（山本［2012］5-14頁）．また，アジアの共同体の範囲をどのように考えるかも，後に見るように極めて重要である．このように東アジアの機能と範囲に着目して，本書では5人の専門家にそれぞれの視点から共同体の可能性につき分析してもらった．以下では，これら専門家の研究成果とその意義について簡潔にまとめる．

3.1　アジア共同体構築における朝鮮半島問題の重要性

　まず第7章では，かつて李明博韓国大統領の下，大統領府対外戦略秘書官として活躍し，日本と韓国の間の包括軍事情報保護協定（GSOMIA）の締結に尽力した金泰孝成均館大学校教授が，北東アジアの平和と安定を脅かす要因を明らかにした．そして，北東アジアでは安全保障協力を促進する域内の多国間協力が不足しているという問題点を指摘している．確かに，北東アジアでは特に，安全保障分野での地域協力や多国間協力が進んでおらずこの点を問題視する既存研究もある（李［2004］5頁）．特に，北東アジア地域では，既述した通り，領土問題，台湾問題，そして，北朝鮮の核開発問題といったいわゆる伝統的な安全保障問題がいまだに多く存在し，こうした問題が少なく非伝統的な安全保障問題が中心である東南アジア地域と対照をなすという指摘もある（中西［2010］244-245頁）．したがって，北東アジアではいまだに相互不信が蔓延し域内諸国の相互協力が難しいリアリスト的世界であるのかもしれない．このような状況を踏まえ，筆者は北東アジアの平和秩序を脅かす要因を相互に比較し，

その中で最も基本的かつ重要な変数を分析した。具体的には，国家間の理念と価値の対立，民族主義の衝突，大国のパワー・ポリティックスなどの要因を通じて，東アジアが直面するジレンマを明らかにし，米国と中国の間での競争的なパワー・ポリティックスの深化が域内の不安定秩序を説明するための最も重要な変数であることを示した。そして，それが端的に表れているのが，北朝鮮の核問題と朝鮮半島統一問題であるとした。これは，アジア共同体の構築を考えるうえでは重要な示唆となる。なぜなら，朝鮮半島問題のみならず，東アジア，特に北東アジアの安全保障問題では米国の存在が極めて重要であり，安全保障面からアジアの共同体を考えるのであれば，共同体に対しても何らかの形で米国が関与していくことの重要性を示すと考えられるからである。通常，東アジア共同体という場合，米国抜きの共同体を考えることが多いが，ARFやADMMプラスにはいずれも米国が参加しており，東アジア・サミットにも米国が参加していることはその意味で示唆的である。

3.2 「アジア太平洋主義」vs「アジア主義」

　第8章は，アジア共同体が包含する範囲に着目して，共同体の範囲が示す政治力学を明らかにしている。既存研究も指摘する通り，アジアは，第2次世界大戦中の日本による大東亜共栄圏構想や華夷秩序など1990年代以前にも共同体的な考えがなかったわけではない。ただし，戦前の地域構想は各国の平等な立場を前提としたものではなく，むしろ帝国主義やヒエラルキーを前提としており，現在では大東亜共栄圏や華夷秩序の経験が，現在では特定の国が支配的な立場に立つことの懸念を引き起こす要因になっている（李［2004］3頁，張［2006］267-268頁）。筆者である楊永明教授は，戦後国際政治が米国中心に動き始めると，米国との結びつけを強化することを企図し，「環太平洋（Pacific Rim）」や「アジア太平洋（Asia Pacific）」などの地域概念が提唱されるようになったことを示す一方，90年代には米国を牽制する動きとしての米国抜きの「東アジア」による地域的連携が展開されたとする。マレーシアのマハティール首相による東アジア経済協議体（East Asia Economic Caucus）や，1999年に

発足したASEAN＋3首脳会談などがその代表である。すなわち，米国を引き込む動きと牽制する動きの相反する2種類の地域主義がアジアには現れ，米国を包括した「アジア太平洋主義」と米国抜きの東アジア諸国主体の「東アジア主義」が地域主義同士の競争の様相を呈していることを看取する。共同体の範囲の問題は，既存研究も指摘する通り，極めて政治的なものである（李［2017］130-135頁）。中でも，著者は近年みられる米国を含む環太平洋パートナーシップ協定（TPP）と米国を含まない東アジア地域包括的経済連携（RCEP）に注目する。TPPや最近の包括的および先進的環太平洋パートナーシップ協定（CPTPP）は，基本的には米大陸からアジアまで12カ国を含む大型の自由貿易協定として国際貿易の新モデル確立を目指し，米国を中心としてアジア太平洋地域経済で主導的地位を確保するものであるのに対し，RCEPはインドやオーストラリアを含むASEAN＋6による自由貿易協定であり，米国を排除した中国とASEANによる経済戦略であると見る。TPPとRCEPをアジア太平洋主義とアジア主義のケースとして捉えることで，アジア共同体構築の方向性が見えてこよう。そして，近年のRCEPを通じて東アジアを南アジアと結びつける近年の中国の動きは，一帯一路やAIIBの推進と共に共同体を東アジアから南アジアそして西アジアへと，アジア全体の共同体へと発展させる中国の政治的意図を体現するものと捉えられる。

3.3　拡大するアジア共同体の範囲

　この関連で第10章では，溜先生が中国の政治的影響力拡大に対応して，「インド太平洋」という新たな考え方にインドが呼応しつつある状況を明らかにしている。2017年に米国のトランプ政権は従来の「アジア太平洋」に代わる地域概念として「インド太平洋」を使い始めたが，著者によれば，これは日本政府が2016年8月に打ち出した「自由で開かれたインド太平洋戦略」と符合するという。著者は，「インド太平洋」概念は2011年ごろから注目されはじめ，インド洋と太平洋の結節点である東南アジア海域の重要性を喚起し，中国による南シナ海支配に対抗するという戦略的含意に裏打ちされた，極めて政治的色彩の

濃い概念であったとする。それゆえに，日米主導のインド太平洋戦略と中国による一帯一路戦略とは相容れないとする見方も浮上しているという。したがって，アジア共同体への展望を考えるにあたって，インド太平洋と一帯一路との関係を捉えることは重要な課題であり，インドが「インド太平洋」や一帯一路にどのように対応するかは極めて重要な政治的意味を持つという。筆者はシン（Manmohan Singh）政権時代の幹部は，「インド太平洋」という言葉の使用に慎重であったが，これは中国に対抗する形での地域協力の枠組みを構築することに否定的であり，中国を含む形での枠組み形成に向けた意欲を示す外交的意図を体現していたとする。しかし，モディ（Narendra Modi）政権への政権交代は，外交方針の転換をも意味したと言う。さらに，モディ政権は，2014年末に日印首脳会談で「インド太平洋」の概念に賛同し，2017年には米印首脳会談等でも「インド太平洋」協力に合意し，インド政府は「インド太平洋」を，日印関係を超えたより広い文脈での使用するようになっており，これは中国の海洋進出に対するインドのスタンスが変化したことを示す重要な変化であるとみる。こうした中国の台頭と共同体の拡大，そしてインドの対応がもたらす含意につき，議論を深めることが今後の課題の1つであろう。

3.4　求められる歴史問題への誠実な取り組み

　第9章では，歴史的視点から東アジア共同体の可能性を論じている。本章の著者である栗原主任研究員は，東アジアで「共同体」という言葉を使う時ためらいを感じ，歴史問題の占める大きさが思いだ出されると言う。確かに，東アジア共同体構築の可能性を考えるとき，歴史問題やナショナリズムの問題が克服すべき重要な課題であることは，これまでも指摘されていた（李［2004］3頁，朴［2010］353頁，中西［2010］243頁など）。以上に基づき，著者は歴史問題に正面から向き合い，欧州の経験が示す通り，歴史的な「正の遺産」を積み重ねてゆく努力を幾世代にもわたって行う必要があることを訴える。しかも，著者は，国内外の諸条件によって発生する「負の遺産」が共同体形成を退行させるリスクを認識しつつ，こうしたプロセスを継続することの重要性を強調する。

これは，和解の先例を分析し，和解が実現する1つの条件として「過去を受け入れることは，過去を忘れ去るということではなく，また「ゆるし」を容易にするわけでもない」という和解の困難さを指摘する議論とも軌を一にする（シュタンツェル［2016］19頁）。特に，「正の遺産」を積み重ねてゆく努力を幾世代にもわたって行う必要があるとの指摘は正鵠を射ており，これは独仏の和解プロセスの経験から言っても明らかであろう。具体的に独仏間の国際交流は，年平均でこれまで16万人の青年交流が行われていることに加え，両国の外交官も交換し，さらに共同でテレビ局を運営するといったことまでも行っている（冨永［2017］27-29頁）。しかし，著者は東アジアを形作ってきた国際環境や歴史は欧州とは異なる所も多く，欧州の経験がそのまま適用できないことを指摘しつつ，東アジアではより困難な努力が求められると述べる。具体的には，19世紀中頃までの東アジアは華夷秩序のもと比較的希薄な国際関係を形成していたにすぎない一方，欧州は17世紀半ば以降「国家主権」に基づく比較的濃密な国際関係の構造を形成してきたことに加え，日本は20世紀の苦い経験を克服したうえで，歴史的な「正の遺産」を積み上げる努力を忍耐強く実施しなくてはならないと主張する。このように共同体の形成が，歴史的和解を通じた価値の統合が重要であるとの指摘は，既存の統合理論とも重なる部分が多いことに改めて気づかされるのである（山本［2012］5-14頁）。

3.5　共同体構築に向けての具体的なステップ

　最後に，現在の私たちが共同体構築のためにとりうる施策として，極めて具体的で有益な示唆を提供しているのが第11章である。この章では，まず東アジア諸国で実施されている様々な国際ボランティア事業を取り上げ，欧米の事業と比較している。岡部教授によれば，いわゆる国際ボランティアは，1965年に発足した日本の青年海外協力隊（JOCV）を除けば，欧米諸国の政府やNGOが行う事業というイメージが強かったが，韓国では1990年，タイでは2003年にボランティア事業機関が発足するなどアジア諸国も，自国民のボランティアを積極的に海外に派遣するようになったという。本章は，第一に東アジア諸国の事

業の概要を明らかにし，かつ，それらを欧米諸国と比較し，類似点や相違点を見出している。そして，東アジアの特徴として，まず基本的に政府が実施主体であること，第二に開発協力以外の人材育成や国際交流などの目的も重視していることを指摘する。以上を踏まえ，東アジア共同体構築に向けていくつかの示唆を提供している。まず，アジア諸国のボランティア事業が，開発協力だけを対象とするわけではないとの指摘は，ボランティア事業を共同体構築に向けて活用する可能性を予感させる。特に，日本，中国，韓国それぞれのボランティア事業の主要な目的が，開発協力と並んで人材育成や国際交流を挙げていることは，心強いものがある。次に，欧州連合（EU），北米（カナダ，米国，メキシコ），そしてASEANの各共同体域内で行われている国際ボランティア事業にも触れていることは，国際ボランティアが開発のみならずそれぞれの地域における価値の統合の面で重要な役割を果たしうる可能性を感じる。こうした域内で行われている共同ボランティア事業の分析と検討を通じて，域内の価値の統合をより意識した東アジア地域内での共同ボランティア事業の可能性も考えられるのではないだろうか。

4．将来の共同体構築に向けて

今回，共同プロジェクトを通じて5人の専門家に，政治や安全保障面からアジアでの共同体の可能性につき検討してもらったが，いくつかの重要なポイントが明らかになった。

4.1　共同体が持つ機能

まず，共同体は様々な機能を持ち得るということである。既述の通り，統合理論は地域統合の機能として，経済統合，価値の統合，安全保障共同体，そして政治統合といった統合の機能を持ちうる。また，共同体は第7章や第10章の議論からも明らかになったように，潜在的な脅威に対抗する手段として，もしくは，大国がそれぞれの政治的意図や思惑から地域統合を潜在的脅威もしくは

ライバルに対抗する機能として利用しうるということである。これは既存研究でも指摘されており，ある意味地域機構がリベラリスト的な機能のみならずリアリスト的な機能を持ちうるということなのかもしれない（例えば，李［2012］137-138頁，浅野［2005］57頁）。米国抜きの共同体が東アジア諸国間の統合を目的としても，米国に対する均衡行動と米国には映るかもしれないし，反対に，中国の参加しない地域統合は中国に対するバランシングとみなされうる。特に，北東アジア地域のように多くの安全保障問題が未解決である場合，関係国間の協力関係を促進することは難しい。リプソン（Charles Lipson）がかつて指摘したように，安全保障分野での協力は，経済や環境などの分野で信頼醸成や協力を実現することに比べ難しい（Lipson［1984］pp.12-14）。したがって，地域統合を進める場合，関心を持つ国をできるだけ包含するとともに，地域統合に含まれない大国からの不信を持たれないように注意を払う必要がある。具体的には，例えば，TPPとRCEPを相反する競合的な機構とするのではなく相互に包摂的なものとするようにといった具合である。つまり，様々な形で併存する地域機構は必ずしも競争関係でとらえる必要はないということである。そのように捉えることでTPPやRCEPの両方に属する，例えば日本が果たす役割も出てくるかもしれない。同じことは，アジア太平洋と東アジア，一帯一路とインド太平洋等の概念についても言える。

4.2 変貌を遂げた国際環境

次に，東アジア共同体につき盛んに議論が行われた時代と比べて国際安全保障環境が大きく変わってしまったことは否めない。共同体議論が盛んであった2000年代，中国は東アジアで強国ではあったが，東アジア全体を圧倒する力を持っていたわけではない。しかし，それから10年近くが経った今，東アジアの国際環境は大きく変わった。中国の経済力と軍事力は，東アジア全体の中でも突出している。また，中国は着実に海洋強国化を進めており，仮に中国が近隣諸国を脅かす意図がないとしても，これら国々の懸念や不信を招きやすい。ましてや，南シナ海での領有権問題で見られるように，中国がこれまでの伝統的

国際法の原則に反するような行動をとることは，中国に対する懸念や不信を増幅させる。したがって，中国には自制が求められるし，既存の国際秩序に反する動きを見せれば，ナイが指摘するように，結局は中国が自らに対する包囲網を自ら作り上げることになる（ナイ［2017］217-218頁）。

　他方で，経済や軍事面で大きな力をつけてきた中国が，アジア地域でより大きな役割を果たすことを望むのは，ある意味自然なことである。そして，中国が大きな力をつけるにつれ，中国の関心が東アジアからユーラシア全体へと拡大することも当然なのかもしれない。したがって，中国がより幅広い地域で，自国の国益のみならず，より多くの国や地域の利益にも適うようリーダーシップを発揮できるのであれば，それは歓迎すべき動きである。一帯一路にしろ，AIIBにしろ，それが地域の発展と安定に貢献するのであれば，日本人はこうした動きを歓迎し，積極的に協力していくことが望ましい。日本人は得てしてアジアでのナンバーワンであった頃の古き良きノスタルジーに囚われ，中国の発展と躍進を嫉妬の目で見，中国が発揮するリーダーシップに消極的な協力しか提供しないようなところがないだろうか。この辺りは自省し，狭隘な国益だけでなく広くアジア地域全体の利益のために日本人として何ができるかを考える必要があるように思う。

4.3　北東アジア諸国間の対話の促進

　3番目に，北東アジア地域は，他地域と比べても地域機構が欠如しており，域内の対話が十分ではない。例えば，北朝鮮の核開発問題について話し合う米国，中国，韓国，北朝鮮，ロシアと日本から成る6カ国協議は，2007年を最後に開催されていない。既述のとおり，北東アジア地域には領土問題や北朝鮮の核開発問題など伝統的安全保障の問題がいまだに大きな影を落としている。これらの問題を平和裏に解決するためにも，地域機構を通じて対話のメカニズムを確立し，問題解決へとつなげることは喫緊の課題である。その意味で，北朝鮮の核開発問題は極めて困難な課題であるとともに大きな機会である。なぜなら，北朝鮮の核開発の問題は単に核兵器の問題にとどまらず，今後の北東アジ

ア地域全体の安全保障のあり方に深くかかわる問題だからである。もし核兵器を朝鮮半島から撤去するのであればその後の安全保障体制はどうあるべきか，朝鮮半島の統一や在韓米軍の問題はどうするかなど問題は多岐に絡んでくる。つまり，朝鮮半島の問題を考えることは，既存研究も指摘するとおり，北東アジアでの共同体構築につながっていくのである（金［2006］285頁）。

したがって，こうした困難な安全保障問題に取り組むためにも，歴史問題に対しても真摯に取り組むことが今まさに求められる。第9章が指摘するように，歴史問題への取り組みが信頼醸成を進めるために不可欠であり，安全保障問題の進展には信頼醸成が不可欠である以上，歴史問題に対してこれまで以上に真剣な努力を傾注する必要があることは明らかである。歴史問題は一度謝罪をしたから終わりということはない。歴史問題に直接関係があった世代のみならず新しい世代にも，継続的かつ忍耐強い長期間の努力が求められる。したがって，「苦い」歴史に目を背けることなく，新しい世代に対し真摯に伝えていくことが今こそ求められると改めて痛感する。

4.4 東アジア地域内の国際交流の拡大

そして，われわれにはまだできることがあることが明らかになったことも，本プロジェクトの1つの大きな成果である。既述の通り，歴史問題が大きな課題であった独仏間で行われた青年交流は，年平均16万人という規模の非常に大きなものであった。それに比べ，例えば東アジア地域の青年交流は極めて限られたものであり，青年海外協力隊の派遣規模も極めて小さい。もちろん，青年海外協力隊は，東アジア地域内の信頼醸成を必ずしも直接の目的としてはいないが，もし真剣に東アジア地域の信頼醸成や青年交流を考えるのであれば，現状では不十分であり，社会交流はまだまだ拡大の余地があることが明らかになった。そして，ボランティア事業を含めた交流プログラムの規模を拡大し，東アジア地域の信頼醸成と国際交流に活かすことは真剣に論じられてよい。こうした交流を通じて，国家や市場ではなく，市民社会の交流を通じた「われわれ意識」を醸成し，統合理論でいうところの価値の統合に貢献できる可能性が

ある（李［2016］121頁）。

　最後に，東アジアでは，欧州には及ばないにしても，政治，経済そして安全保障などの分野で一定程度機構が発展しつつある。また，これら機構は目的の面でも対象地域の面でも異なることが多い。例えば，アジア太平洋地域を対象とするTPP，東アジアを対象とするRCEPなど対象とする地域も異なっている。安全保障でも，ARFは海難救助，海賊やテロに対する対策などいわゆる非伝統的安全保障問題を対象としている。さらに，北朝鮮問題と南シナ海では関係する国は異なるであろうし，他の領土問題もそれぞれの問題によって関係してくる国は違ってくる。したがって，こうした既存の機構を活用しつつ，分野や問題ごとに相互に排他的ではない協力を志向した機構を重層的に積み重ねることで，共同体形成への道がおぼろげながらでも見えてくるのではないだろうか。

〔引用・参考文献〕
浅野亮［2005］「第2章　中国とASEAN」黒柳米司編著『アジア地域秩序とASEANの挑戦：「東アジア共同体」をめざして』明石書店。
天児慧［2016］「変わるアジア太平洋の政治経済構図，そして台湾」天児慧・李鍾元編『東アジア和解への道：歴史問題から地域安全保障へ』岩波書店。
小原雅博［2005］『東アジア共同体〜強大化する中国と日本の戦略』日本経済新聞社。
金景一［2006］「第14章　韓半島と北東アジア平和共同体の構築」滝田賢治編著『東アジア共同体への道』中央大学出版部。
シュタンツェル，フォルカー［2016］「私たちは大胆に踏み込んでいるだろうか？：和解における社会合意の到達のための思案」天児慧・李鍾元編『東アジア和解への道：歴史問題から地域安全保障へ』岩波書店。
滝田賢治［2006］「第1章　東アジア共同体構想の背景と課題」滝田賢治編著『東アジア共同体への道』中央大学出版部。
張小明［2006］「第13章　北東アジア共同体の構築に関する一考察」安藤智孝訳　滝田賢二編著『東アジア共同体への道』中央大学出版部。
冨永格［2016］「日本メディアから見た独仏和解の歩み」天児慧・李鍾元編『東アジア和解への道：歴史問題から地域安全保障へ』岩波書店。
ナイ，ジョセフ［2017］「第12講　アジアにおけるアメリカのパワーの未来」羽場久美子編著『アジアの地域統合を考える：戦争を避けるために』明石書店。
中西寛［2010］「東アジア共同体構築のための地域的安全保障」山下英次編著『東アジア共

同体を考える:ヨーロッパに学ぶ地域統合の可能性』ミネルヴァ書房。
朴一[2010]「「東アジア共同体」構想と歴史の壁」山下英次編著『東アジア共同体を考える:ヨーロッパに学ぶ地域統合の可能性』ミネルヴァ書房。
山本吉宣[2012]「第1章　地域統合の理論化と問題点」山本吉宣・羽場久美子・押村高編『国際政治から考える東アジア共同体』ミネルヴァ書房。
李鍾元[2004]「序論　東アジア地域論の現状と課題」日本国際政治学会編『国際政治』第135号。
李鍾元[2012]「第6章　東アジア共同体と朝鮮半島」山本吉宣・羽場久美子・押村高編『国際政治から考える東アジア共同体』ミネルヴァ書房。
李鍾元[2016]「東アジアの地域形成と日中韓関係」天児慧・李鍾元編『東アジア和解への道:歴史問題から地域安全保障へ』岩波書店。
李鍾元[2017]「第7講　東アジアの地域統合と朝鮮半島」羽場久美子編著『アジアの地域統合を考える:戦争を避けるために』明石書店。
Lipson, Charles [1984] "International Cooperation in Economic and Security Affairs." *World Politics*, vol. 37, no. 1 (October 1984): 1-23

索　引

■英　字

ADB（アジア開発銀行）............17, 62
AEC（ASEAN経済共同体）............115
AFTA（ASEAN自由貿易協定）............115
APEC加盟国............98
ASEAN Way（ASEAN方式）............115
ASEAN（東南アジア諸国連合）............93
ASEAN経済共同体（AEC）............115
ASEAN自由貿易協定（AFTA）............115
ASEAN青年ボランティアプログラム
　（AYVP）............155
BLO............60
BOO............60
BOP（経済ピラミッドの底辺）............34
BOP市場............34
BOPビジネス............34
BOT............59
BTO............59
CPTPP（包括的かつ先進的TPP協定）
　............118
CUSO International............143
DBO............60
EU（欧州連合）............92
FDI............2
FK-Norway............143
France Volontaires............143
FTAAP（アジア太平洋自由貿易圏）
　............118
IFC（国際金融公社）............36
IIFCL（インドインフラ金融公社）............29
JICA（国際協力機構）............146
JOCV（青年海外協力隊）............146
KOICA（韓国国際協力団）............149
KOV（韓国海外ボランティア）............149
KYV（韓国青年ボランティア）............149
M&A............5
MDB（国際開発金融機関）............27
MOP（中間所得層）............35
NATO（北大西洋条約機構）............92
NGO............140
NSG（原子力供給国グループ）............161
OECD（経済協力開発機構）............113
OLI理論............6
OYVP（海外青年ボランティア
　プログラム）............151
PPP（官民連携）............31, 58
RCEP（東アジア地域包括的経済連携）
　............117
SCO（上海協力機構）............160
TPP（環太平洋パートナーシップ協定）
　............117
UNV............143
VSO............143
World Friends Korea（WFK）............148

■あ　行

アジアNIEs............113
アジア・アフリカ会議............157
アジア回帰（Pivot to Asia）経済戦略
　............118
アジア開発銀行（ADB）............17, 62
アジア太平洋............171
アジア太平洋自由貿易圏（FTAAP）
　............118
安全保障協力............93
安全保障問題............171
イシュー・リンケージ............159

一貫製鉄所（integrated steel work）……67
一帯一路……………………………119, 164
インドインフラ金融公社（IIFCL）……29
インド太平洋（Indo-Pacific）…………156
インフラ資金不足……………………………16
インフラシステム……………………………60
インフラ投資ニーズ…………………………57
インフラ・ビジネス…………………………57
ウィン・ウィン協力………………………150
欧州連合（EU）……………………………92

■か　行

海外青年ボランティアプログラム
　（OYVP）………………………………151
海外直接投資…………………………………2
回顧的民族主義……………………………102
階層移動………………………………………38
開発協力……………………………………141
開発途上国……………………………………23
核拡散防止条約（NPT）…………………106
核問題…………………………………………99
価値の統合…………………………………174
「雁行型」経済発展理論…………………113
韓国海外ボランティア（KOV）…………149
韓国国際協力団（KOICA）………………149
韓国青年ボランティア（KYV）…………149
環太平洋パートナーシップ協定（TPP）
　………………………………………………117
企業価値………………………………………2
技術移転………………………………………69
技術援助契約…………………………………69
技術協力………………………………………72
北大西洋条約機構（NATO）………………92
北朝鮮の核開発問題………………………173
共同国際ボランティア事業………………153
近代水道………………………………………82

キンドルバーガーの罠
　（Kindleberger Trap）…………………120
グローバリゼーション……………………172
グローバル人材……………………………141
経済インフラ…………………………………20
経済協力開発機構（OECD）……………113
経済的な戦略…………………………………47
経済統合……………………………………172
原子力供給国グループ（NSG）…………161
公共事業………………………………………22
公衆衛生の確保………………………………82
交通インフラ…………………………………50
国際開発金融機関（MDB）………………27
国際協力機構（JICA）……………………146
国際交流……………………………………141
国際法………………………………………126
国際ボランティア事業……………………141
国内総生産……………………………………53
国民国家……………………………………126
国民参加型のODA
　（政府開発援助）事業…………………146
国連ミレニアム目標（MDGs）……………86

■さ　行

冊封体制……………………………………130
ジェンダー問題………………………………83
資金ギャップ…………………………………16
資産クラス……………………………………17
持続可能な開発目標（SDGs）……………88
市町村営主義…………………………………82
実質GDP………………………………………53
社会インフラ…………………………………18
社会基盤………………………………………81
社会的戦略……………………………………39
社会的な戦略…………………………………47
社会的ニーズ…………………………………22

社会的問題の解決………………………37
上海協力機構（SCO）………………160
集団安全保障体制………………………97
「自由で開かれたインド太平洋」戦略
　………………………………………163
所有の優位性……………………………6
シルクロード基金……………………120
人口成長率………………………………52
人材育成………………………………141
水道普及率………………………………82
製鋼工程…………………………………67
生産者市場………………………………47
製銑工程…………………………………67
成長市場の獲得競争……………………13
製鉄技術協力……………………………70
製鉄所（steel work）…………………66
青年海外協力隊（JOCV）………142, 146
政府主導………………………………142
戦略的社会性…………………………34, 39

■た　行

対外投資…………………………………7
対内投資…………………………………7
多国間経済協力…………………………96
多国間システム…………………………95
超国家的機関…………………………125
ツキディデスの罠（Thucydides Trap）
　………………………………………120
鉄鋼技術移転……………………………69
鉄鋼産業……………………………65, 76
投資リスク………………………………21
東南アジア諸国連合（ASEAN）………93

■な　行

内部化による優位性……………………6

ナショナリズム………………………100
日韓関係………………………………103
日韓軍事情報保護協定………………104
日韓自由貿易協定……………………104
日中韓3国協力事務局………………154
ネオリアリスト…………………………93
ネオリベラリスト………………………93
熱延工程…………………………………67
ノウハウ…………………………………76

■は　行

華夷秩序………………………………130
東アジア………………………………171
東アジア共同体………………………153
東アジア共同体研究所（EACI）……135
東アジア共同体評議会（CEAC）……135
東アジア多国間主義……………………92
東アジア地域包括的経済連携（RCEP）
　………………………………………117
東アジアの多様性……………………174
非同盟2.0………………………………164
人から人への交流……………………151
冷延工程…………………………………67
貧困削減………………………………142
平和部隊………………………………143
平和五原則……………………………157
防火対策…………………………………82
包括的かつ先進的TPP協定（CPTPP）
　………………………………………118

■ま　行

南シナ海………………………………162
南南協力………………………………150
民族主義…………………………93, 100
無収率……………………………………84

■や　行

輸出主導型経済戦略………………………113
ユートピアン………………………………125

ラモン・マグサイサイ賞…………………146
立地上の優位性……………………………6
領土問題……………………………………173
冷戦の終焉…………………………………172
歴史問題……………………………………171

■編著者紹介

金　泰旭（キム・テウク）
近畿大学経営学部教授，韓国仁川広域市国際諮問官，東洋E&P中国現地法人・ベトナム現地法人国際経営諮問官，国土交通省中国運輸局「中国地方における日韓観光推進プロデューサー」。
韓国ソウル市出身。韓国ソウル延世大学卒業。北海道大学大学院経済学研究科修了（経営学修士・博士）。専攻は国際経営論，経営戦略論，ベンチャー企業論。
主な著書に『地域ファミリー企業におけるビジネスシステムの形成と発展―日本の伝統産業における継承と革新』（共編著・白桃書房），『地域企業のリノベーション戦略―老舗ファミリー企業におけるビジネスモデルの進化』（共編著・博英社），『ひとつのアジア共同体を目指して』（共編著・お茶の水書房），『社会企業家中心とした観光・地域ブランディング：地域イノベーションの創出に向けて』（共編著・博英社），『大学発ベンチャーの日韓比較』（共著・中央経済社），『グローバル環境における地域企業の経営―ビジネスモデルの形成と発展―』（共編著・文真堂），論文に「韓国ベンチャー企業の特性と成長」共著，龍谷大学経営学論集第53巻第1号，pp.1-15,「ハイテックスタートアップス（HS）支援の現状と課題―韓国のHS支援政策と若干の事例紹介―」，北海道大学経済学研究第61巻4号，pp.97(289)-130(322).「市民企業家にとる資金獲得のプロセスの分析―アートプロジェクトにおける企業家活動」，ベンチャーズ・レビュー第17巻，pp.43-52などがある。

浦上　拓也（うらかみ・たくや）
近畿大学経営学部教授。
熊本県出身。神戸大学経営学部経営学科卒業。神戸大学大学院研究科修了，博士（経営学）。研究は水道・下水道事業の生産性・効率性の分析，アパレル産業の実証分析など。
主な論文に，Urakami, T. and X. Wu (2017), "Own brand strategy of the Japanese apparel manufacturers," *Asia Pacific Journal of Marketing and Logistics*, Vol.29, No.1, pp.114-120., Urakami, T. and D. Parker (2011) "The effects of consolidation amongst Japanese water utilities: A hedonic cost function analysis," *Urban Studies*, vol.48.13: 2807-2827., Urakami, T. (2007) "Economies of vertical integration in the Japanese water supply industry," *Jahrbuch für Regionalwissenschaft* vol.27.2: 129-141. などがある。

■執筆者紹介 （執筆順）

中岡　孝剛（なかおか・たかよし）……………………………………………筆
近畿大学経営学部准教授

アイ・ワヤン・ヌカ・ランタ（I Wayan Nuka Lantara）……………………第
Associate Professor（Faculty of Economics and Business UGM, Yogyakarta Indonesia）

羅　成燮（ラ・サンサップ）……………………………………………………第
ADB 人間社会開発ディレクター

黎　志剛（リ・ジガン）…………………………………………………………第
ADB 社会セクター・エコノミスト

金　泰旭（キム・テウク）………………………………………………………第
（編著者紹介参照）

田中　智泰（たなか・ともやす）………………………………………………第4
近畿大学経営学部准教授

辺　成祐（ビョン・ソンウ）……………………………………………………第5
近畿大学経営学部講師

浦上　拓也（うらかみ・たくや）………………………………………………第6
（編著者紹介参照）

金　泰孝（キム・テヒョ）………………………………………………………第7
成均館大学校政治外交学科教授

楊　永明（フィリップ・ヤン）…………………………………………………第8
台湾大学政治学部兼任教授

栗原　潤（くりはら・じゅん）…………………………………………………第9
キヤノングローバル戦略研究所研究主幹，関西学院大学客員教授

岡部　恭宜（おかべ・やすのぶ）………………………………………………第10
東北大学法学部教授，JICA研究所客員研究員

溜　和敏（たまり・かずとし）…………………………………………………第11
高知県立大学文化学部講師

西田　竜也（にしだ・たつや）…………………………………………………第12
（編著者紹介参照）

西田　竜也（にしだ・たつや）
広島市立大学国際学部・国際学研究科准教授。
東京大学法学部公法学科卒業（法学士）。ジョンズホプキンス大学高等国際問題研究大学院（SAIS）修了（国際関係修士）。ハーバード大学大学院修了（博士（公共政策学））。
主な著書に『国際秩序とアメリカ』「第7章 戦後アジアとアメリカ」滝田賢治編（共著・ミネルヴァ書房），『理論と地域からみる国際関係』「第5章 日本の領土問題とその展望〜国際関係論の視点から〜」広島市立大学国際政治・平和研究会（共著・千倉書房），『＜際＞からの探求：つながりへの途』「第3章 国際政治と国内政治が交錯する「際」：沖縄の米軍基地」広島市立大学国際フォーラム編（共著・文真堂），論文に「東南アジア条約機構（SEATO）の起源〜米英の戦略の狭間で〜」，同志社大学アメリカ研究所『同志社アメリカ研究』第50号，pp.23-45,「集団防衛同盟として西欧連合防衛機構（WUDO）の意義と限界—英米の戦略的視点から」，広島市立大学国際学部『広島国際研究』第21巻，pp.13-31,「アイゼンハワー政権のアジア太平洋地域での安全保障戦略と同盟政策」，広島市立大学国際学部『広島国際研究』第22巻，pp.16-35,「同盟理論からみた日米同盟」，中央大学法学部『法学新報』第123巻第8号，pp.275-298,「欧州防衛共同体（EDC）の意義と限界〜集団防衛同盟の観点から〜」，広島市立大学国際学部『広島国際研究』第23巻，pp.23-42などがある。

アジア共同体構築への視座
──政治・経済協力から考える

2018年9月25日　第1版第1刷発行

編著者　金　　　泰　旭
　　　　浦　上　拓　也
　　　　西　田　竜　也

発行者　山　本　　　継

発行所　㈱中央経済社

発売元　㈱中央経済グループ
　　　　パブリッシング

〒101-0051　東京都千代田区神田神保町1-31-2
電話　03（3293）3371（編集代表）
　　　03（3293）3381（営業代表）
http://www.chuokeizai.co.jp/
印刷／㈱堀内印刷所
製本／誠製本㈱

© 2018
Printed in Japan

＊頁の「欠落」や「順序違い」などがありましたらお取り替えいたしますので発売元までご送付ください。（送料小社負担）
ISBN978-4-502-27631-6　C3033

JCOPY〈出版者著作権管理機構委託出版物〉本書を無断で複写複製（コピー）することは，著作権法上の例外を除き，禁じられています。本書をコピーされる場合は事前に出版者著作権管理機構（JCOPY）の許諾を受けてください。
　JCOPY〈http://www.jcopy.or.jp　eメール：info@jcopy.or.jp　電話：03-3513-6969〉